中央地勘企业
办公室工作标准化实务

于文罡　赵彦雄◎编

中国经济出版社
CHINA ECONOMIC PUBLISHING HOUSE
·北京·

图书在版编目（CIP）数据

中央地勘企业办公室工作标准化实务 / 于文罡，赵彦雄编．--北京：中国经济出版社，2020.7

ISBN 978－7－5136－6222－2

Ⅰ．①中… Ⅱ．①于… ②赵… Ⅲ．①地质勘探－企业管理－办公室工作－标准化管理 Ⅳ．①F426.1

中国版本图书馆 CIP 数据核字（2020）第 121019 号

选题策划　汪　京　雷　生　刘金龙
责任编辑　孙东健　陈利军　刘喆欣
责任印制　马小宾
封面设计　任燕飞

出版发行　中国经济出版社
印 刷 者　北京富泰印刷有限责任公司
经 销 者　各地新华书店
开　　本　787mm×1092mm　1/16
印　　张　14
字　　数　235 千字
版　　次　2020 年 7 月第 1 版
印　　次　2020 年 7 月第 1 次
定　　价　48.00 元
广告经营许可证　京西工商广字第 8179 号

中国经济出版社 **网址** www.economyph.com **社址** 北京市东城区安定门外大街 58 号 **邮编** 100011
本版图书如存在印装质量问题，请与本社销售中心联系调换（联系电话：010－57512564）

编写组成员

于文罡　赵彦雄　李德良　苏均生
宋思哲　张　卓　吕倩怡　高天扬
刘银海　刘　晓　刘小娣　佟建平
郭新节　田　密

序

作为综合管理和服务部门，办公室是一个单位的窗口，办公室的地位与作用殊为重要，发挥着重要的“桥梁”“纽带”作用。特别是当前在全面推进国有企业改革、实施规范化管理的过程中，办公室的参谋、协调、服务、督办等职能更显突出。习近平总书记曾指出：“办公室，是一个单位、一个系统、一个机构的关键部门。办公室工作如何，对党委乃至一个地方全面的工作影响很大。”① 同时，他还强调了办公室工作的“五个坚持”：一要坚持忠诚的政治品格；二要坚持高度自觉的大局意识；三要坚持极端负责的工作作风；四要坚持无怨无悔的奉献精神；五要坚持廉洁自律的道德情操。这是办公室工作的最高准则，作为办公室工作人员必须认真学习并持之以恒贯彻执行。

办公室工作是行政管理的一项业务，同时也是一门学问，更是当前推动企业治理能力建设、构建具有中国特色现代企业制度的一项重要内容。对于做办公室工作的同志来说，做好办公室工作，既需要从整体上加以研究，又需要对具体业务深入把握，从宏观与微观的结合上不断探索办公室工作的规律。

为了做好新形势下的煤炭、化工地质系统办公室工作，中国煤炭地质总局办公室（党委办公室）在认真学习借鉴引用《中央企业公文处理实用手册》等相关业务专著内容以及先进央企办公厅（室）标准化建设经验的基础上，全面总结近年来总局办公室（党委办公室）工作，对办公室办文、办会、办事、信息化建设等各方面工作标准和流程进行梳理，组织编写了《中央地勘企业办公室工作标准化实务》。这是一项规范化建设的基础性工作。

---

① 习近平．秘书工作的风范——与地县办公室干部谈心[M]．//习近平．摆脱贫困．福州：福建人民出版社，2014：47.

本书分“公文篇”“会议篇”“事务篇”“信息化篇”四部分，分别包括理论阐释、工作规范、工作方法、操作流程、范文范例以及注意事项等，本着理论适用、实际有用的编写原则，不过多地在名词概念、理论研究上纠缠，而是着力于比较详尽全面地介绍办公室涉及的办文、办事、办会、信息化建设等方方面面的工作规范、规律、方法。采用图表式、流程式形式编写，言简意赅，一目了然，内容务实全面，操作性强，让人一看就懂得该怎么做才符合规范，做到什么程度才算做得好，既适用于各级办公室工作人员，也适用于机关内其他工作人员。

衷心希望本书的编印、出版、发行能够为各级办公室工作带来便利，促进煤炭、化工地质系统办公室工作的规范化、程序化、制度化，提升办公室工作水平。同时，也希望本书能够成为国有企业办公室标准化建设的一项成果，成为文秘人员工作和成长的辅助工具。

中国煤炭地质总局党委书记、局长　赵平

2020 年 5 月

目录

公文篇

会议篇

事务篇

信息化篇

中央地勘企业办公室工作标准化实务

公文篇

“办文”，
于上要把事情讲清楚，
于下要把精神讲精彩，
不容易

一、公文的定义、特点和作用

公文是公务活动中形成的具有特定效力和规范体式的文书，中国煤炭地质总局（以下简称总局）公文是总局系统实施领导、履行职能、处理公务的具有特定效力和规范体式的文书，是传达贯彻党和国家、上级部门有关方针政策，公布相关规章制度，指导、布置和商洽工作，请示和批复问题，报告、通报、交流情况的重要工具。中国煤炭地质总局公文代表总局职权，是总局对所属各单位实施管理的重要工具之一。

公文具有3个特点：①权威性。第一，公文由法定的作者制成和发布；第二，无论是事实、数字还是各种意见、结论，一旦进入正式公文，就不能任意更改、解释、否定；第三，公文是机关、团体、组织的喉舌、意图，是其开展工作的依据。②规范性。公文的撰写和处理，从起草到成文，到收发、传递、分办、立卷、归档、销毁等，都有一套规范化的制度。另外，公文具有特定的体式，其文体、结构、用纸的尺寸、文件标记都有统一的规定。③工具性。公文是各机关、团体、组织在公务管理过程中最经常、最大量使用的一种工具。公务管理的方法很多，而最科学最正规的方法是利用公文。

公文的作用有5个：①指导作用。公文是上级机关对下级机关的工作进行领导与指导的一种工具，上级领导机关通过制发公文来部署工作，对下级的工作进行具体的领导与指导。②管理作用。公文具有管理公务的基本职能。各机关通过制发公文来表达意图，传达组织、协调、指挥、控制等各方面的意向，实现其管理职能。③规范作用。第一，公文是法律规范的体现形式，而法律规范是人们的行为准则。第二，法规文件是进行各项工作、开展各项活动的基本依据。④沟通作用。上下级或平行单位利用公文开展工作、交流信息。⑤凭证作用。公文具有法定效力，可以作为办事的依据、工作的指针，俗话说的“按红头文件办事”就是这个意思。同时，公文也是机关工作的记录和“档案”。

二、公文的分类

（一）按文种分类

1. 通用公文文种

《中共中央办公厅　国务院办公厅关于印发〈党政机关公文处理工作条例〉的通知》（中办发〔2012〕14号）中关于公文文种的分类如下：

（1）决议：适用于会议讨论通过的重大决策事项。

（2）决定：适用于对重要事项作出决策和部署、奖惩有关单位和人员、变更或者撤销下级机关不适当的决定事项。

（3）命令（令）：适用于公布行政法规和规章、宣布施行重大强制性措施、批准授予和晋升衔级、嘉奖有关单位和人员。

（4）公报：适用于公布重要决定或者重大事项。

（5）公告：适用于向国内外宣布重要事项或者法定事项。

（6）通告：适用于在一定范围内公布应当遵守或者周知的事项。

（7）意见：适用于对重要问题提出见解和处理办法。

（8）通知：适用于发布、传达要求下级机关执行和有关单位周知或者执行的事项，批转、转发公文。

（9）通报：适用于表彰先进、批评错误、传达重要精神和告知重要情况。

（10）报告：适用于向上级机关汇报工作、反映情况，回复上级机关的询问。

（11）请示：适用于向上级机关请求指示、批准。

（12）批复：适用于答复下级机关请示事项。

（13）议案：适用于各级人民政府按照法律程序向同级人民代表大会或者人民代表大会常务委员会提请审议事项。

（14）函：适用于不相隶属机关之间商洽工作、询问和答复问题、请求批准和答复审批事项。

（15）纪要：适用于记载会议主要情况和议定事项。

2. 总局常用公文文种

总局常用公文文种包括以下 9 种：

（1）决定：适用于对重要事项作出决策和部署、奖惩有关单位和人员、变更或者撤销下级机关不适当的决定事项。

（2）意见：适用于对重要问题提出见解和处理办法。

（3）通知：适用于发布、传达要求下级机关执行和有关单位周知或者执行的事项，批转、转发公文。

（4）通报：适用于表彰先进、批评错误、传达重要精神和告知重要情况。

（5）报告：适用于向上级机关汇报工作、反映情况，回复上级机关的询问。

（6）请示：适用于向上级机关请求指示、批准。

（7）批复：适用于答复下级机关请示事项。

（8）函：适用于不相隶属机关之间商洽工作、询问和答复问题、请求批准和答复审批事项。

（9）纪要：适用于记载会议主要情况和议定事项。

（二）按传递方向分类

按公文的传递方向，可以分为上行文、平行文、下行文。

（1）上行文：受文单位为上级的，则为上行文，比如请示、报告等文种。

（2）下行文：受文单位是下级的，则为下行文，比如通知、批复等文种。

（3）平行文：向平行单位或不相隶属单位行文的，则为平行文，比如函等文种。

需要注意的是，意见和纪要这两个特定文种在上行、平行和下行文中皆可使用。

三、公文格式的要素

（一）要素划分

版心内的公文格式各要素可以划分为版头、主体、版记三大部分（见图 1-1a、图 1-1b）。公文首页红色分隔线以上的部分称为版头；公文首页红色分隔线（不含）以下、公文末页首条分隔线（不含）以上的部分称为主体；公文末页首条分隔线以下、末条分隔线以上的部分称为版记。页码位于版心外。

（二）版头

1. 份号

如需标注份号，一般用 6 位 3 号阿拉伯数字，顶格编排在版心左上角第一行（见图 1-3）。

2. 密级和保密期限

如需标注密级和保密期限，一般用 3 号黑体字，顶格编排在版心左上角第二行；保密期限中的数字用阿拉伯数字标注（见图 1-3）。

3. 紧急程度

如需标注紧急程度，一般用 3 号黑体字，顶格编排在版心左上角（见图 1-3）。如需同时标注份号、密级和保密期限、紧急程度，按照份号、密级和保密期限、紧急程度的顺序自上而下分行排列。

4. 发文机关标志

由发文机关全称或者规范化简称加“文件”二字组成（见图 1-1a），党的机关也可以使用发文机关全称或者规范化简称。

发文机关标志居中排布，上边缘至版心上边缘为 35mm，推荐使用方正小标宋

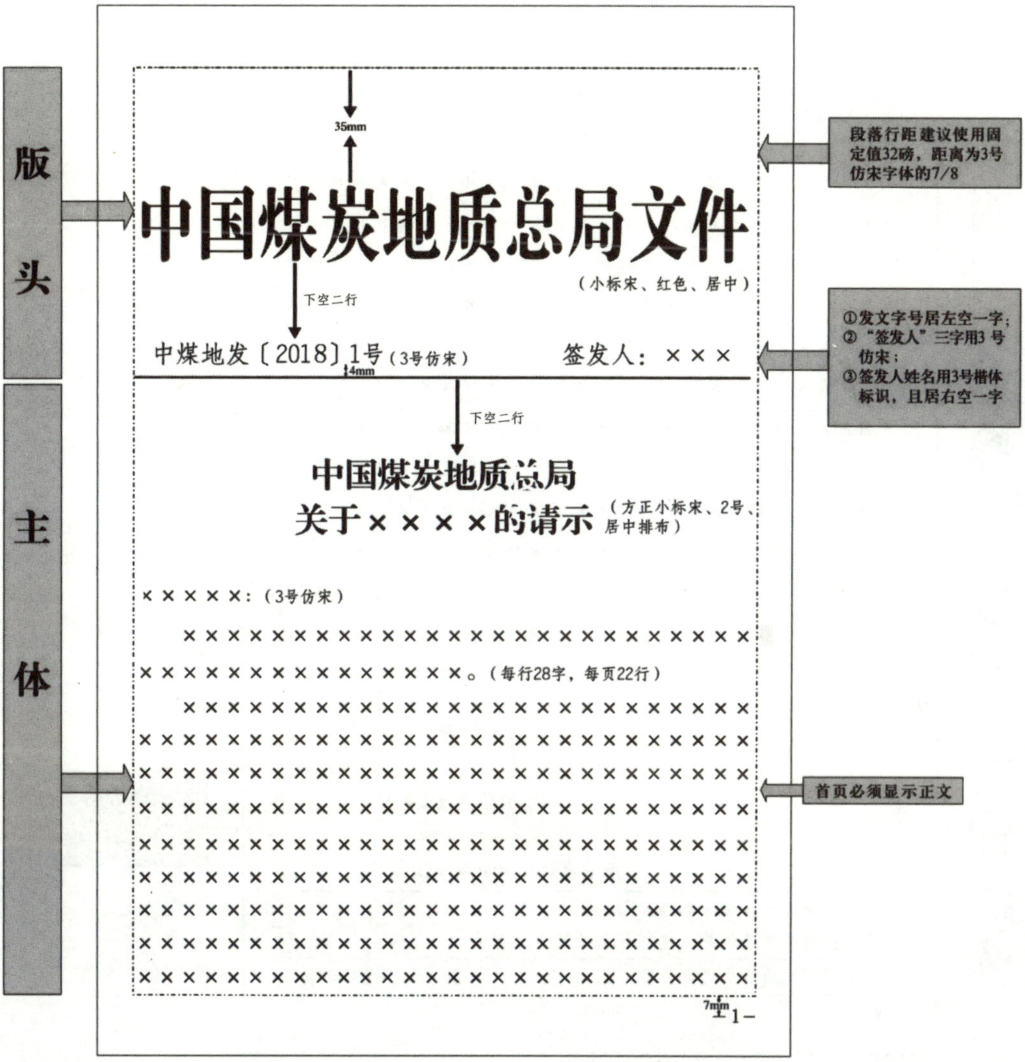

图 1-1a　公文格式的要素

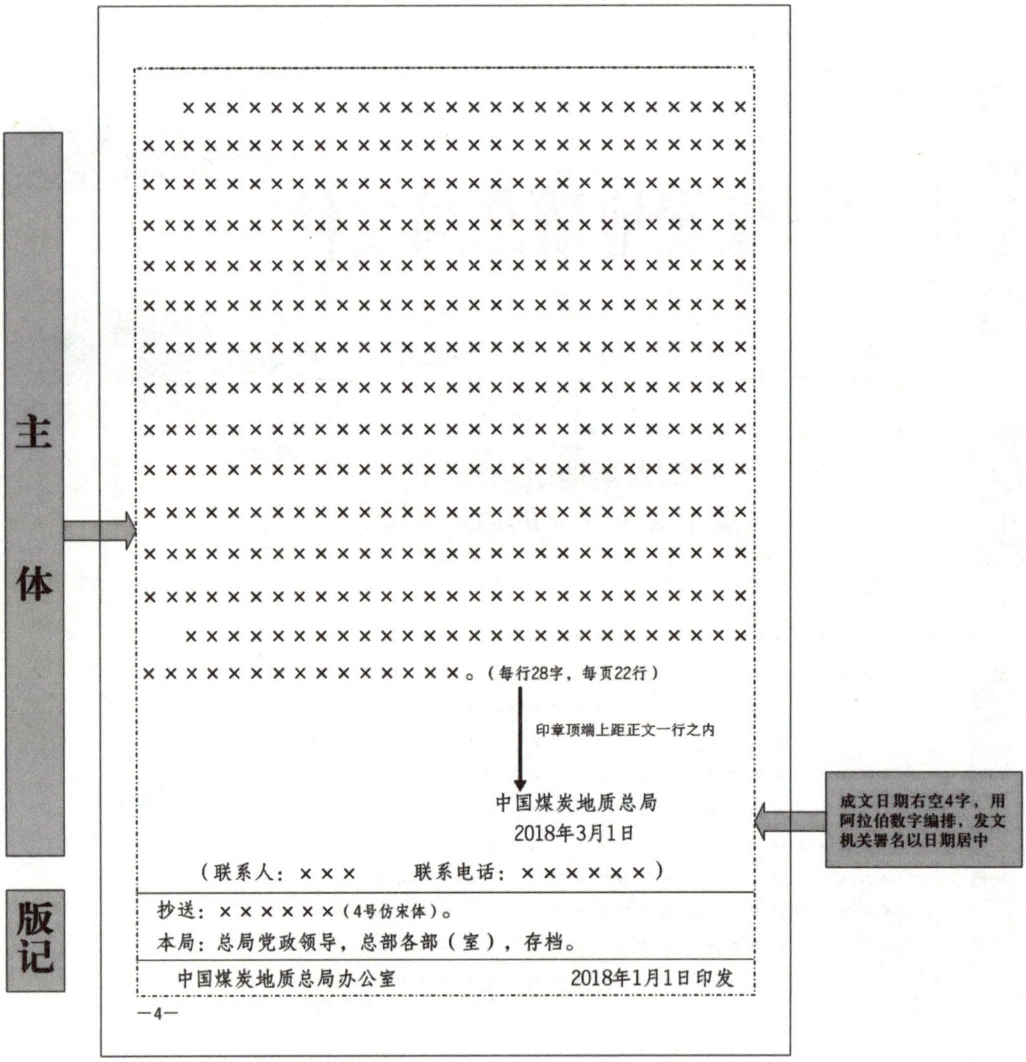

图 1-1b　公文格式的要素

简体字，颜色为红色，以醒目、美观、庄重为原则。

联合行文时，如需同时标注联署发文机关名称，一般应当将主办机关名称排列在前；如有“文件”二字，应当置于发文机关名称右侧，以联署发文机关名称为准上下居中排布。

5. 发文字号

编排在发文机关标志下空二行位置，居中排布（见图 1-1a）。年份、发文顺序号用阿拉伯数字标注；年份应标全称，用六角括号“〔 〕”括入；发文顺序号不加“第”字，不编虚位（即 1 不编为 01），在阿拉伯数字后加“号”字。例如：中煤地党发〔2019〕3 号。

上行文的发文字号居左空一字编排，与最后一个签发人姓名处在同一行。

6. 签发人

由“签发人”三字加全角冒号和签发人姓名组成，居右空一字，编排在发文机关标志下空二行位置。“签发人”三字用 3 号 GB_2312 仿宋，签发人姓名用 3 号 GB_2312楷体（见图 1-1a）。

如有多个签发人，签发人姓名按照发文机关的排列顺序从左到右、自上而下依次均匀编排，一般每行排两个姓名，回行时与上一行第一个签发人姓名对齐。

7. 版头中的分隔线

发文字号之下 4mm 处居中印一条与版心等宽的红色分隔线（见图 1-1a）。

（三）主体

1. 标题

一般用 2 号方正小标宋简体字体，编排于红色分隔线下空二行位置，分一行或多行居中排布（见图 1-1a）；回行时，要做到词意完整，排列对称，长短适宜，间距恰当，标题排列应当使用梯形或菱形。

2. 主送机关

编排于标题下空一行位置，居左顶格，回行时仍顶格，最后一个机关名称后标全角冒号（见图 1-1a）。如主送机关名称过多导致公文首页不能显示正文时，应当将主送机关名称移至版记。

3. 正文

公文首页必须显示正文。一般用 3 号 GB_2312 仿宋，编排于主送机关名称下一行，每个自然段左空二字，回行顶格（见图 1-1a）。文中结构层次序数依次可以用“一、”“(一)”“1.”“(1)”标注；一般第一层用黑体字体，第二层用 GB_2312 楷体，第三、四层用 GB_2312 仿宋标注。一般来说，正文字数标准为每行 28 字，每页 22 页。

4. 附件说明

如有附件，在正文下空一行、左空二字编排“附件”二字，后标全角冒号和附件名称。如有多个附件，使用阿拉伯数字标注附件顺序号（如“附件：1. ×××××”）；附件名称后不加标点符号。附件名称较长需回行时，应当与上一行附件名称的首字对齐。

5. 发文机关署名、成文日期

（1）发文机关署名。又称落款，一般写在正文下方偏右处。用印时，应将印章盖在公文末尾年、月、日的中间，作为发文机关确认公文生效的凭证（见图 1-1b）。

（2）成文日期中的数字。在发文机署名下方，用阿拉伯数字将年、月、日标全，年份应标全称，月、日不编虚位（即 1 不编为 01）。

（3）特殊情况说明。特殊情况下，当公文排版后所剩空白处不能容下印章或签发人签名章、成文日期时，可以采取调整行距、字距的措施解决。不在另起一页后使用“此页无正文”的表述。

6. 附注

如有附注，应居左空二字，加圆括号，编排在成文日期下一行。

7. 附件

如有附件，应当另面编排，并在版记之前，与公文正文一起装订。“附件”二字及附件顺序号用 3 号黑体字顶格编排在版心左上角第一行。附件标题居中编排在版心第三行。附件顺序号和附件标题应当与附件说明的表述一致。附件格式要求同正文。

如附件与正文不能一起装订，应当在附件左上角第一行顶格编排公文的发文字号并在其后标注“附件”二字及附件顺序号。

（四）版记

1. 版记中的分隔线

版记中的分隔线与版心等宽，首条分隔线和末条分隔线用粗线（推荐高度为0.35mm），中间的分隔线用细线（推荐高度为0.25mm）。首条分隔线位于版记中第一个要素之上，末条分隔线与公文最后一面的版心下边缘重合（见图1-1b）。

2. 抄送机关

如有抄送机关，一般用4号GB_2312仿宋，在印发机关和印发日期之上一行、左右各空一字编排（见图1-1b）。“抄送”二字后加全角冒号和抄送机关名称，回行时与冒号后的首字对齐，最后一个抄送机关名称后标句号。

如需把主送机关移至版记，除将“抄送”二字改为“主送”外，编排方法同抄送机关。既有主送机关又有抄送机关时，应当将主送机关置于抄送机关之上一行，之间不加分隔线。

3. 印发机关和印发日期

印发机关和印发日期一般用4号GB_2312仿宋，编排在末条分隔线之上（见图1-1b）。印发机关左空一字，印发日期右空一字，用阿拉伯数字将年、月、日标全，年份应标全称，月、日不编虚位（即1不编为01），后加“印发”二字。

版记中如有其他要素，应当将其与印发机关和印发日期用一条细分隔线隔开。

4. 页码

一般用4号半角宋体阿拉伯数字，编排在公文版心下边缘之下，数字左右各放一条一字线；一字线上距版心下边缘7mm。单页码居右空一字，双页码居左空一字（见图1-1b）。公文的版记页前有空白页的，空白页和版记页均不编排页码。公文的附件与正文一起装订时，页码应当连续编排。

（五）公文的特定格式

1. 信函格式

发文机关标志使用发文机关全称或者规范化简称，居中排布，上边缘至上页边为 30mm，推荐使用红色方正小标宋简体字。联合行文时，使用主办机关标志。

发文机关标志下 4mm 处印一条红色双线（上粗下细），距下页边 20mm 处印一条红色双线（上细下粗），线长均为 170mm，居中排布（见图 1-2）。

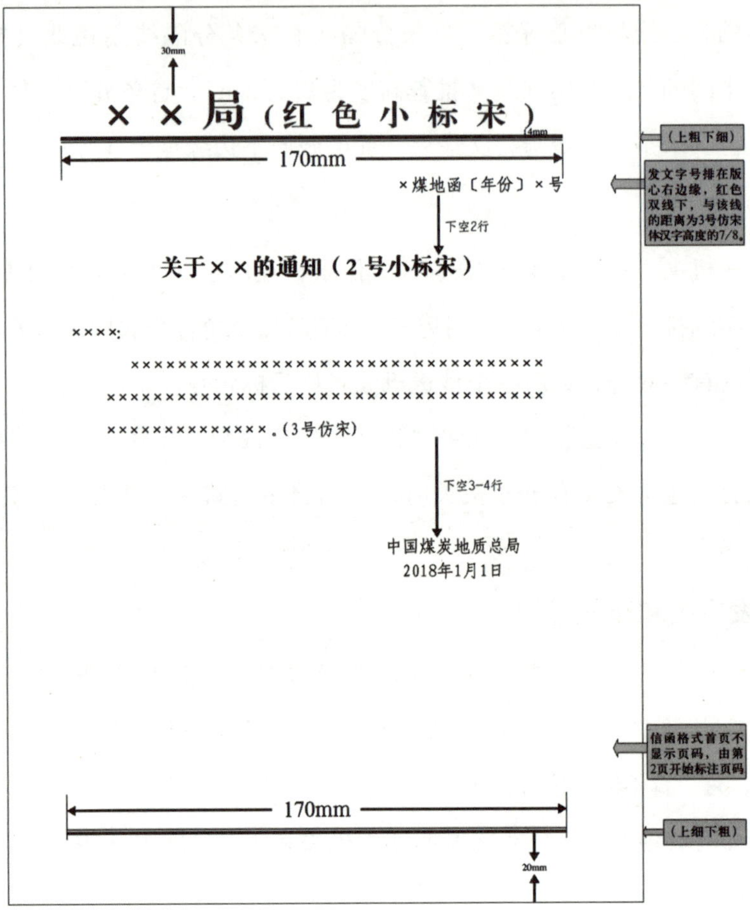

图 1-2　信函格式示例

如需标注份号、密级和保密期限、紧急程度，应当顶格居版心左边缘编排在第一条红色双线下，按照份号、密级和保密期限、紧急程度的顺序自上而下分行排列，第一个要素与该线的距离为 3 号汉字高度的 7/8。

发文字号顶格居版心右边缘编排在第一条红色双线下，与该线的距离为 3 号汉字高度的 7/8。

标题居中编排，与其上最后一个要素相距二行。

第二条红色双线上一行如有文字，与该线的距离为 3 号汉字高度的 7/8。

首页不显示页码。

版记不加印发机关和印发日期、分隔线，位于公文最后一面版心内最下方。

2. 纪要格式

纪要标志由“×××××纪要”组成，居中排布，上边缘至版心上边缘为35mm，推荐使用红色方正小标宋简体字（见图1-3）。

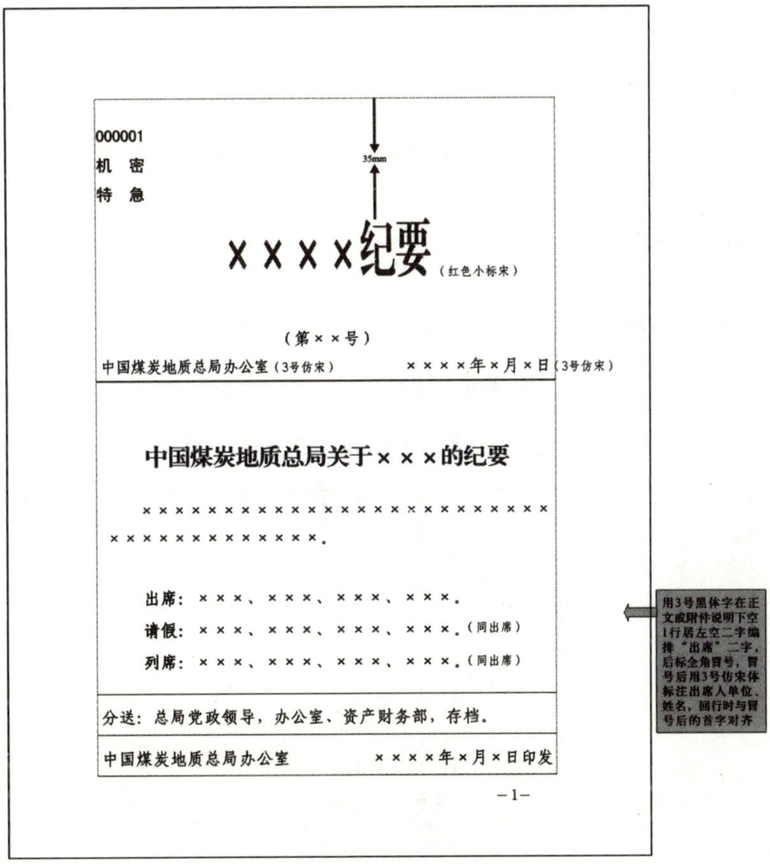

图1-3 纪要格式示例

标注出席人员名单，一般用3号黑体字，在正文或附件说明下空一行、左空二字编排“出席”二字，后标全角冒号，冒号后用3号GB_2312仿宋标注出席人单位、姓名，回行时与冒号后的首字对齐。

标注请假和列席人员名单，除依次另起一行并将“出席”二字改为“请假”或“列席”外，编排方法同出席人员名单。

纪要格式可以根据实际制定。

四、公文纸张、版面及印制装订要求

（一）纸张要求

公文用纸采用 GB/T148 中规定的 A4 型纸，其成品幅面尺寸为：210mm ×297mm。

（二）版面要求

1. 页边与版心尺寸

公文用纸天头（上白边）为 37mm ±1mm，公文用纸订口（单页为左白边，双页为右白边）为 28mm ±1mm，版心尺寸为 156mm ×225mm（见图 1- 4）。

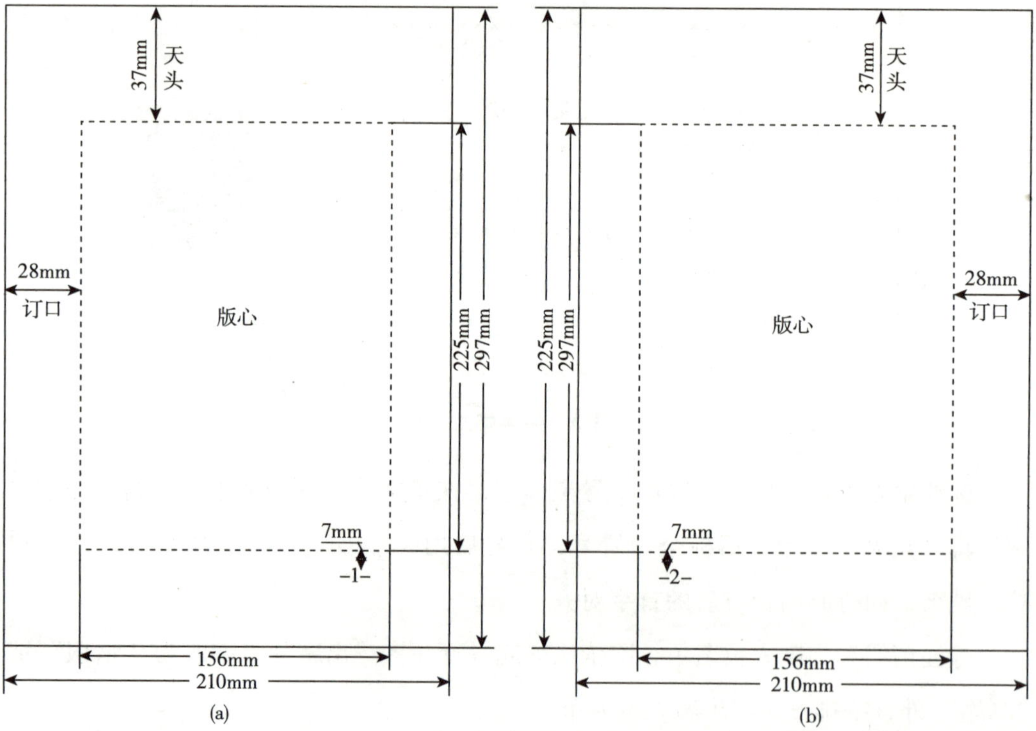

图 1- 4　A4 纸型天头、订口和版心尺寸

2. 字体和字号

如无特殊说明，公文格式各要素一般用 3 号仿宋 GB_2312。特定情况可以做适当调整。

3. 行数和字数

一般每面排 22 行，每行排 28 个字，并撑满版心。特定情况可以做适当调整。

4. 文字的颜色

如无特殊说明，公文中文字的颜色均为黑色。

（三）印制装订要求

1. 制版要求

版面干净无底灰，字迹清楚无断划，尺寸标准，版心不斜，误差不超过 1mm。

2. 印刷要求

双面印刷；页码套正，两面误差不超过 2mm。黑色油墨应当达到色谱所标 BL100%，红色油墨应当达到色谱所标 Y80%、M80%。印品着墨实、均匀；字面不花、不白、无断划。

3. 装订要求

公文应当左侧装订，不掉页，两页页码之间误差不超过 4mm，裁切后的成品尺寸允许误差 ±2mm，四角成 90°，无毛茬或缺损。骑马订或平订的公文应当满足以下要求：

（1）订位为两钉外订眼距版面上下边缘各 70mm 处，允许误差 ±4mm。

（2）无坏钉、漏钉、重钉，钉脚平伏牢固。

（3）骑马订钉锯均订在折缝线上，平订钉锯与书脊间的距离为 3mm ~ 5mm。包本装订公文的封皮（封面、书脊、封底）与书芯应吻合、包紧、包平、不脱落。

五、常用公文写作

（一）决定

1. 使用说明

（1）适用范围：决定适用于对重大事项或者重大行动作出决策和安排，奖惩有关人员，变更或者撤销下级单位不适当的决定事项。

（2）主要种类：嘉奖决定、处分决定、重大行动安排或重要事项的决定等。

（3）决定的一般写法：决定由决定缘由、决定内容、执行要求三部分组成。

①决定缘由。概括写明决定的根据、目的、意义及背景，然后以“现决定如下”过渡到决定的内容部分，要求文字精当，语言概括明确。

②决定内容。写明决定事项的具体内容、原则、办法、措施、要求、规定事项等，要求用语准确简练，语气肯定。

③执行要求。即提出执行本决定的要求、意见或期望。

（4）注意事项：决定的标题要完整地写出事由和文种。

①文种使用要正确。决定的内容要和“决定”文种相符，避免把“决定”与“通报”等公文文种相混淆，写作之前要用心体会，正确区分。

②原因要简短明确。决定是制约性非常强的公文，要求下级机关无条件执行。因此，行文时，对于作出决定的原因应写得简短明确，不可长篇大论，以示决定的强制性。

③事项要具体可行。既然要求下级机关无条件执行决定，那么决定的事项就应该写得具体明确，具有一定的可行性，以利于下级机关遵照执行。

2. 常用拟制模版

模板 1-1　重要事项决定

<table><tr><td>

×××关于××××××（事由）的决定

××××（主送单位）：

为了××××××（目的），根据××××××（依据），经研究，决定××××××（决定事项）。

一、××××××。

二、××××××。

三、××××××。

……（决定的具体内容）

（印章）

××××年×月×日

</td></tr></table>

模板 1-2　嘉奖决定

<table><tr><td>

×××关于表彰×××的决定

××××（主送单位）：

最近，××××××（被表彰人员或单位的事迹）。××××××（被表彰事迹产生的积极影响和表现出的精神）。

为了××××××（表彰目的），根据××××××（表彰依据），决定对×××等予以表彰（或授予×××等××××××称号）。

希望××××××（号召向先进学习，提出更高的工作要求和希望）。

附件：表彰名单

（印章）

××××年×月×日

</td></tr></table>

模板 1-3　处分决定

×××关于对×××处分的决定

××××（主送单位）：

最近，××××××（违规违纪事实）。××××××（造成的危害和产生的不良影响）。

×××。

根据××××××（处分依据），为了××××××（目的主旨），经研究，决定给予×××（受处理的人或单位）××××××（处分决定）的处分。

（印章）

××××年×月×日

（二）意见

1. 使用说明

（1）适用范围：意见适用于对重大问题提出见解、对重要事项提出解决办法。

（2）主要种类：直接指导型意见、批转执行型意见、建议性的意见。

（3）拟写意见的注意事项：拟写意见时，应注意意见的使用范围，如建议性意见与建议请示、指示性意见与指示性通知的使用区别。建议性请示的行文目的是请求上级单位批准或指示，而建议性意见的行文目的是对重要问题提出见解和建议，供上级单位和领导同志参考；指示性通知具有一定的约束力，而指示性意见则侧重于原则性和方向性，目的是让下级单位知道该怎样做，但在具体方法上，可以根据本单位实际情况，有创造性地开展工作。

2. 常用拟制模版

模板 1-4　指导意见

<table><tr><td>

××× 关于 ×××× （问题、事项）的指导意见

×××（主送单位）：

根据 ××××××（依据），结合 ×××× 实际，为了 ××××××（目的），现就 ××××××（事项、问题）提出以下意见，请认真贯彻执行。

一、××××××。

二、××××××。

三、××××××。

……（意见的具体内容）

（印章）

×××× 年 × 月 × 日

</td></tr></table>

（三）通知

1. 使用说明

（1）适用范围：通知适用于传达上级单位指示，部署安排工作，任免和聘用干部，批转、转发和印发文件，传达要求下级单位办理和需要有关单位周知或执行的事项等。

（2）主要种类：传达或部署性通知、批转和转发性通知、周知性通知、会议通知、人事任免通知等。

（3）各类通知的写法及注意事项：

①批示性通知。主要用于公布（印发）行政法规和规章，转发上级单位、不相隶属单位的公文，批转下级单位的公文等。其正文内容都具有批语的性质，拟写时，首先要写明公布（印发）或转发的对象、依据，表明对所发公文的态度；其次要提出贯彻执行的要求等。在篇幅上，一定要简短。

②指示性通知。主要用于上级单位对开展某项工作或针对工作中出现的带有普

遍性的问题作出工作部署，提出管理措施、制定有关政策等。拟写该类通知，在开头部分应写明通知缘由，即行文的目的和意义；通知的内容部分，大多采用分条列项法，具体阐明原则，明确政策，提出要求、措施和办法等。

③周知性和事务性通知。主要用于处理日常事务性工作，以及要求有关单位办理或周知的有关事宜，如催报材料、撤销或成立机构、启用或废止印章等。拟写时，首先要写明通知的缘由或依据；其次要写明办理或周知事项的具体内容，要注意简明扼要地将有关事项逐项交代清楚。

④会议通知。要写明召开会议的单位、会议名称和时间、地点、内容（议题），参加会议的人员范围和人数，会议材料要求，报到时间和食宿安排，有关注意事项及联系人、电话、传真等。必要时需附“会议回执”。“会议回执”主要包括：参会人员单位、姓名、性别、民族、职务和联系方式等，必要时还应注明到达（或乘坐的火车、班机的班次等）及返程时间等（详见“会议篇”有关内容）。

2. 常用拟制模版

模板 1-5　指示性通知

×××关于印发××××××（拟采取措施）的通知

××××（主送单位）：

近期，××××××（从正反两方面分析面临的形势和存在的问题）。××××××（指出采取进一步措施的重要性、必要性和紧迫性）。根据××××××（依据），为了××××××（目的主旨），经研究，决定××××××（拟采取措施），现就有关事项通知如下：

一、××××××。

二、××××××。

三、××××××。

……（通知的具体内容）

××××××（提出希望和要求）。

（印章）

××××年×月×日

模板 1-6　周知性通知（1）

×××关于启用××××××印章的通知 ××××（主送单位）： 根据××××××（依据），成立××××××（机构名称或机构更名）。从××××起（起始时间）启用××××印章（机构更名时，需注明原××××印章同时废止）。 附件：印模式样 （印章） ××××年×月×日

模板 1-7　周知性通知（2）

×××关于成立××××（机构）的通知 ××××（主送单位）： 为了××××××（目的），根据××××××（依据），决定成立××××（机构），负责××××××工作。现将有关事项通知如下。 一、××××（机构）的人员组成××××××。 二、××××（机构）的主要职责： （一）××××××。 （二）××××××。 …… 三、××××（机构）下设办公室，主要负责××××××工作。 ××××××（其他需要说明的事项）。 （印章） ××××年×月×日

模板 1-8　党委任免通知

×××关于×××等同志职务任免的通知
××××（主送单位）:
经××××研究，决定:
任命×××为××××××;
任命×××为××××××;
免去×××的××××××（职务）。
（印章）
××××年×月×日

模板 1-9　行政任免通知

×××关于×××等职务任免的通知
××××（主送单位）:
经××××研究，决定:
任命×××为××××××;
任命×××为××××××;
免去×××的××××××（职务）。
（印章）
××××年×月×日

模板 1-10　印发性通知

×××关于印发《××××××规定》的通知
××××（主送单位）:
为了××××××（目的），根据××××××（依据），我们制定了《××××××规定》，现印发给你们，请结合实际认真贯彻执行。贯彻执行中有何问题，请及时反馈×××。
（印章）
××××年×月×日

模板 1-11　转发性通知

<table><tr><td>

×××关于转发××××××的通知

××××（主送单位）：

为了××××××（目的），现将××××（上级单位或有关业务主管部门）《××××××》（文号）转发给你们，请结合实际，认真贯彻执行。

×××（具体贯彻意见）。

（印章）

××××年×月×日

</td></tr></table>

模板 1-12　会议通知（1）

<table><tr><td>

通　知

××××（主送单位）：

定于×月×日×时，由×××主持，在××××（地点）召开××××××会议。会议主要内容（议题）是××××××，请××××××参加。请于×月×日前将参会人员名单（车号）报××××（凭会议通知进入会场）。

联系人：×××

电话：××××，××××（传真）

（印章）

××××年×月×日

</td></tr></table>

模板 1-13　会议通知（2）

×××关于召开××××××会议的通知

××××（主送单位）：

为了××××××（目的），根据××××××（依据），××××（主办单位）决定于××××年×月×日在××××（地点）召开××××××会议。现将有关事项通知如下：

一、会议内容：××××××。

二、参会人员：××××××。

三、会议时间、地点：××××××。

四、其他事项：

（一）请与会人员持会议通知到××××××报到，××××××（食宿费用安排）。

（二）请将会议回执于××××年×月×日前传真至×××××（会议主办或承办单位）。

（三）××××××（其他需提示事项，如会议材料的准备等）。

（四）联系人及电话：×××××××。

附件：1. 参会名额分配表

　　　2. 参会人员回执（参考式样见表 1-1）

（印章）

××××年×月×日

表 1-1　参会人员回执示例

会议回执

单位（承办部门盖章）：

参会人员姓名		性别		民族	
单位及职务					
抵达时间 （航班或车次）				是否接站	
备注					

（四）通报

1. 使用说明

（1）适用范围：通报适用于上级单位向下级单位或有关单位传达重要精神、重要情况，表彰先进和批评错误等。

（2）主要种类：表彰通报、批评通报、情况通报等。

（3）通知与通报的区别：

通知和通报都具有知晓性和指导性，其区别主要体现在周知事项上：通知大都要求贯彻执行，适用范围广于通报，且周知的事项是具体的，具有一定的约束力；通报重在对重要精神和重要情况的传达，以使有关单位和人员知晓，以起到引导、警戒、启发、教育和沟通情况的作用。

（4）通报与决定的区别：

①出发点与侧重点不同。奖惩性决定重在处置，其着眼点在于奖惩有关单位或个人，代表领导层的权威意志。奖功罚过是其首要目的，教育或警示他人是其次要目的。通报的目的则是使受文单位了解某一重要情况或典型事件，从而受到教育或警示。表扬性通报对被表扬的单位主要是理解上级的精神，更上一层楼；而对后进单位主要是学习受表扬单位的经验，力争与其齐步前进；对一般单位主要是学先进、找差距、定措施。批评性通报，对一般单位主要是对照自身，防患于未然；对有类似问题或尚有隐患存在的单位则鸣钟警戒，以根除侥幸心理。总而言之，奖惩性决定重在处置，奖功罚过；表扬批评性通报重在教育比照，或先进示范，或以儆效尤。

②标题写法不同。表彰性决定的标题格式通常为："关于授予×××称号的决定""关于给予×××表彰的决定"，如《中国煤炭地质总局关于授予××××××称号的决定》。处分性决定的标题格式通常如下："关于对××的处理决定"，如《关于对×××的处理决定》。决定的标题中常常含有处置性动词，诸如授予、处理、给予等动词。而表扬批评性通报的标题中一般不使用处置性动词，如《中国煤炭地质总局关于×××的通报》《中国煤炭地质总局关于×××造成×××事故的通报》。

③正文的组成不同。奖惩性决定一般先简要叙述先进事迹或错误事实，然后写明组织的处理决定；表扬性通报与批评性通报的写法略有不同。前者的正文部分一

般包括以下内容：一是概述先进事迹，表明通报发出单位对通报事项的态度；二是指出先进单位或个人的主要做法、经验或叙述事情发生的经过，并分析事件的意义；三是提出要求和希望，号召大家学习。后者的正文部分一般包括以下内容：一是叙述错误事实经过；二是表明通报发出单位对事件的态度及处理意见；三是分析错误或事故产生的原因与危害性；四是提出要求，警示其他单位或个人。奖惩性决定重在处置，表扬批评性通报重在宣传与教育，正文的构成自然不同。

2. 常用拟制模版

模板 1-14　表彰通报

> **×××关于表彰（奖励）×××（集体或个人）的通报**
>
> ××××（主送单位）：
>
> ××××××（表彰奖励对象的先进事迹）。××××××（产生的积极影响和表现出的精神）。为了×××××（目的），根据××××××（依据），经××××研究，决定对×××等予以通报表彰。
>
> 希望××××××（号召向先进学习，提出更高的工作要求和希望）。
>
> （印章）
>
> ××××年×月×日

模板 1-15　批评通报

> **×××关于××××××问题的通报**
>
> ××××（主送单位）：
>
> ××××××（通报×××违规违纪的事实和做法）。经查，××××××（调查结果）。
>
> 为了××××××（目的），根据××××××（依据），经研究，××××××（对通报对象的结论和处理意见）。
>
> ××××××（警示教育和杜绝措施）。
>
> （印章）
>
> ××××年×月×日

模板 1-16　情况通报

×××关于××××××情况的通报

××××（主送单位）：

××××年×月×日，××××（单位）在××××（地点）发生×××××××事故（事件）。××××××（事故或事件的性质）。

为××××××（目的），进一步加强××××××工作，防止此类事故（事件）的发生，现将××××××事故（事件）情况通报如下：

一、××××××（事故或事件的原因分析）。

二、××××××（对有关单位和人员的处理情况）。

三、××××××（应吸取的教训和拟采取的措施等）。

（印章）

××××年×月×日

（五）报告

1. 使用说明

（1）适用范围：报告适用于向上级单位汇报工作、反映情况、回复上级单位询问或交办事项、上报有关材料等。

（2）主要种类：工作报告、情况报告、答复报告、报送文件或材料的报告等。

（3）拟写报告的注意事项：

①报告主要是向上级汇报工作、反映情况、介绍经验。因此，文风要平实，内容要实事求是，观点表达要精炼清晰，文字简明、庄重，不可浮华、冗长、拖沓。

②报告要重点突出，中心明确，主次分明，详略得当，并要注意表达的条理性和逻辑性。

③报告中不能夹带请示事项。报告和请示都属于上行文（关于二者区别见“请示”项），但是上级的处理方式不一样，报告作为阅件处理，可不作答复。所以，若报告中夹带请示，则容易误事。同时，报告中也不能有需要上级单位批准后才能实施的事项。若在汇报工作的同时需要解决某些问题，应将报告内容和请示内容分开，形成两个文件上报；或者以请示为主，将报告内容作为附件处理，以便上级单位了解有关情况。

④对于汇报工作的报告，其基本写法是：简要写明汇报缘由、目的；重点对所做的工作进行认真总结：写明基本情况、主要成绩、存在问题、经验体会和教训；阐述下一步工作的意见和拟采取的措施。

⑤对于反映情况的报告，其基本写法是：以陈述情况为主，首先要交代清楚时间、地点、提出问题或讲明情况；其次是叙述事件的发展过程，论述其性质及当时的态势；第三是分析存在的问题，提出处理意见和拟采取的措施等。此类报告特点是突出工作中的“情况”，即要侧重阐述情况、问题和所采取的措施。此外，还应特别注意提出处理意见和建议的角度，不能在报告中夹带请示事项。

⑥对于答复上级询问和交办事项的报告，拟写时，首先要简要说明报告的缘由，及上级单位询问或交办的事项；其次介绍有关情况、叙述办理结果，应注意全面准确地理解上级单位询问或交办事项的精神、要求，要围绕询问或交办事项展开叙述，做到重点突出，不能答非所问，同时要将有关观点和处理问题的依据写清楚；第三是存在的问题和建议，应实事求是地反映问题和现状，也可提出需引起上级单位关注或有关单位研究的建设性意见。同时，要特别注意不要将“建议”写成请示。

2. 常用拟制模版

模板 1-17　工作报告

×××关于××××××工作情况的报告

××××（主送单位）：

根据××××××要求（或××××以来），我们××××××（概述工作背景或基本情况），对××××××工作进行了认真总结。现将有关情况报告如下，请审阅。

一、××××××（工作基本情况）。

二、××××××（主要做法和成绩，包括采取的办法、措施和产生的效果等）。

三、××××××（存在的问题，以及拟采取的对策措施）。

四、××××××（下一步工作安排和思路）。

特此报告。

（印章）

××××年×月×日

模板 1-18　答复上级单位询问和交办事项的报告

×××关于××××××有关情况的报告

××××（主送单位）：

根据××××××要求（或根据×××批示精神，或根据转来的《××××××》要求），我们对××××××情况进行了认真研究（或我们对×××××问题进行了调查核实）。

现将有关情况报告如下，请审阅。

一、××××××（事件的过程、原因等）。

二、××××××（经调查核实的情况或处理的依据、结果等）。

三、××××××（下一步拟采取的措施）。

特此报告。

（印章）

××××年×月×日

模板 1-19　反映情况的报告

×××关于×××有关情况的报告（紧急报告）

××××（主送单位）：

××××年×月×日（最近、近日），××××××（概述“报告”反映情况的产生缘由、情况和问题）。为了××××××（目的），现将有关情况报告如下，请审阅。

一、××××××（情况过程和最新事态）。

二、××××××（原因及后果分析）。

三、××××××（已采取的措施及作用）。

四、××××××（下一步拟采取的措施）。

五、××××××（需引起上级单位重视或关注的问题）。

特此报告。

（印章）

××××年×月×日

（六）请示

1. 使用说明

（1）适用范围：请示适用于向上级单位请求指示或批准。一是超出本单位职责权限，请求上级单位批准的事项；二是下级单位在工作中遇到新情况、新问题，请求上级单位解决或协助解决困难；三是因某些工作事项比较复杂或涉及不相隶属单位，请求上级单位批转或转发所制发的文件；四是对上级单位有关政策、规定中未明确的问题或工作中遇到的难以把握和确认的问题，请求上级单位指示或予以明示。

（2）主要种类：请求批准的请示、请求解决问题的请示、请求批转性的请示、请求指示性的请示。

（3）请示的必备条件：

①必须是下级机关向上级机关的行文；

②请示的问题必须是自己无权作出决定和处理的；

③必须是为了向上级请求批准。

（4）请示的写法：请示由请示缘由、请示事项、结束语三部分组成。

①请示事项。即请示事项的原因、背景、理由和依据，特别是要写清楚请示事项的重要性、必要性，以引起上级单位的重视。

②请示事项。即写明请求上级单位给予批示或批准的具体事项。必要时，可向上级单位提出自己对解决问题的态度或意见。情况较复杂的还可提出几种方案，分别说明理由，供上级单位抉择。

③结束语。常用“妥否，请示”或“如无不妥，请予批准”等。其中，“妥否”二字后注意不能用问号。

（5）拟写请示的注意事项：

①注意行文规则。请示必须一文一事，且不得越级请示，不得多头主送，不得报领导同志个人；请示可以根据需要抄送其他机关，但不得抄送下级机关。

②陈述请示原因和理由时，理由要充分，要有典型性，而且要尽可能联系全局来说明请示事项的迫切性、重要性和必要性。

③请示事项一定要具体明确，以便上级单位作出准确的判断和答复。

④请示要注意行文语气，要言简意赅、语气委婉、言辞恳切，讲理由要开门见

山，讲需求要明确具体。

⑤请示事项涉及其他单位或部门的业务范围时，应履行会签手续（必要时要在文中对有关单位的会签意见予以说明）或经过协商并确定一致意见后行文请示。

⑥请示应适用上行文格式，并由主要负责人签发，注明联系人和电话。非请示文种不得夹带请示事项。

⑦请示件应给上级单位留出研究决策的时间，特别紧急的事项，除突发事件及法律、法规另有规定或上级领导另有交代的以外，应在请示中说明紧急原因。

⑧对于请求批准的请示，其拟写重点应该放在申述理由、重要性、必要性和可行性上，要注意理由一定要充分，报批方案（请示事项）一定要明确，有关材料要齐全、完整。

⑨对于请求指示的请示，拟写中应把问题的焦点、难点、矛盾点以及需请上级单位作出答复或指示的问题表达清楚，同时还应将本单位的有关意见一并报告，以便上级单位了解全面情况作出答复。

⑩对于请求解决问题的请示，重点要写好事由和请求解决的问题两部分。拟写时，事由要条理清晰，理由要充分；请示事项要合情合理，并有解决问题的设想和明确意见。必要时，可附代拟稿。

2. 常用拟制模版

模板 1-20　请求批准的请示

×××关于××××××（事由）的请示

××××（主送单位）：

为了××××××（目的），根据×××××（依据），我单位拟××××××（意图主旨）。现将有关情况和我们的意见报告如下：

一、××××××（基本情况）。

二、×××××（请示事项的必要性和可行性及其意义）。

三、×××××（具体方案和请示事项）。

妥否，请示。

（印章）

××××年×月×日

（联系人及电话：×××××××）

模板 1-21　请求解决问题的请示

×××关于协调解决××××××问题的请示 ××××（主送单位）： 目前，我公司××××××（遇到的问题和困难）。为了××××××（目的），根据××××××（依据），现就××××××（意图主旨）请示如下： 一、××××××（问题的由来）。 二、××××××（问题的不利影响）。 三、××××××（解决问题的积极意义）。 四、××××××（请示内容，即请求协调解决的问题及解决问题的有关建议）。 妥否，请示。 （印章） ××××年×月×日 （联系人及电话：×××××××）

模板 1-22　请求指示的请示

×××关于××××××问题的请示 ××××（主送单位）： 近日，××××××（在某项工作进行中遇到××××××问题）。现将有关问题请示如下： 一、××××××（有关情况）。 二、××××××（遇到的问题）。 三、××××××（请示内容，即恳请上级单位对××××××问题作出请示）。 妥否，请示。 （印章） ××××年×月×日 （联系人及电话：×××××××）

模板 1-23　外事请示（1）

×××关于××××出访（赴）×××（国家或地区）的请示
××××（主送单位）：
应××××邀请，我公司××××××（职务、姓名）拟于××××年×月×日－×月×日（率团）出访×××（国家）或赴××××地区（港、澳、台）。
此访的主要目的是××××××（出访的目的及相关背景介绍）。
此系×××同志××××年第×次出访（境），此行已征得××××××同意。拟在外停留×天，费用××元。
妥否，请示。
附件：代表团成员名单
（印章）
××××年×月×日
（联系人及电话：×××××××）

模板 1-24　外事请示（2）

×××关于拟请×××（领导人）会见×××的请示
××××（主送单位）：
应××××邀请，××××国×××（外宾的姓名、职务、机构或代表团）将于××××年×月×－×日来华××××××（外宾来华目的）。
××××××（外宾及其所在机构的简介）。
××××××（外宾或代表团来访任务、日程安排）。
为了××（会见理由），拟请×××（领导人）于×月×日会见×××一行（会见的时间、地点、会见方式）。会见时××××××（新闻报道方式）。
妥否，请示。
附件：1. 会见（会谈）参考要点 2. 外宾简历 3. 外方参加会见人员名单 4. 中方陪同人员名单 5. 访华日程 6. 相关情况介绍 7. 新闻稿
（印章）
××××年×月×日
（联系人及电话：×××××××）

（七）批复

1. 使用说明

（1）适用范围：批复适用于答复下级单位的请示事项。

（2）批复与函的区别：批复属下行文，复函是函的一种形式，属平行文；批复适用于答复下级单位的请示事项，对不相隶属的单位请求批准事项不使用批复，而应使用复函予以答复。

（3）批复的写法：批复的结构包括批复的依据，批复的具体内容、希望和要求。

①批复的依据，一是要写明针对什么请示所作的批复，要求严谨、明确。二是若以有关规定或文件精神为依据作出批复，应写明具体的规定，必要时应标引有关文件或规定的名称、文号或条款序号，以备执行中查考。

②批复的具体内容，主要写明针对下级单位请示事项所作出的指示或批准决定，以及相关补充内容。拟写时要注意：一是文字精练、言简意赅、态度鲜明、语气肯定。二是对同意性的批复一般不需要说明理由，只表明态度即可，有时需对同意事项做几点原则规定或要求；对上报规划、方案的批复，要对需要注意的问题加以强调；对否定性的批复，要简述原因、理由。三是批复内容若涉及其他部门，应会签或有关部门协商。

③希望和要求，主要是从上级单位的高度，提出一些补充性的意见，或提出希望和执行批复的有关要求等。

2. 常用拟制模版

模板 1-25　问题批复（1）

×××关于××××××有关问题的批复
××××（主送单位）：
你单位（公司）《关于××××的请示》（文号）收悉。根据××××××（依据），经研究，同意你们关于××××××（主旨）。请你们在××××××工作中切实加强领导，确保××××××。
（印章）
××××年×月×日

模板 1-26　问题批复（2）

<table><tr><td>
×××关于××××××有关问题的批复
××××（主送单位）：
你单位（公司）《关于××××××的请示》（文号）收悉。鉴于××××××，根据××××××的有关规定（依据）。现就××××××（主旨）有关问题批复如下：
一、原则同意××××××。
二、××××××（具体要求）。
请你们××××××（提出进一步做好此项工作的要求，以及从长远或整体上提出有关要求）。
（印章）
××××年×月×日
</td></tr></table>

（八）函

1. 使用说明

（1）适用范围：函适用于平行或不相隶属单位之间商洽工作、通报情况、征询意见、询问或答复问题，向有关主管部门请求批准和答复审批事项等。

（2）主要种类：征询意见函、请求批准函、答复意见和答复审批事项函。

（3）函的写法：函分为发函和复函，其写法略有不同。

①发函主要用于与有关单位商洽公务、向有关单位询问和请求批准事项等。拟写时，正文开头部分要交代发函的原因和目的；主体部分写商洽、询问和请求批准事项的内容，要写得具体、清楚；结尾常提出希望和要求，用语要得体。

②复函主要用于针对来函作出答复。拟写时，正文开头部分要引述来函，然后用"经研究，现复函如下"过渡到下文；主体部分针对来函所涉及事项逐一明确回复。

（4）拟写函的注意事项：

①行文简洁明确，用语把握分寸，语气平和有礼。

②函用于商洽办理事项时，应写明办理时限；复函时则应迅速、及时。

③函的标题、启承语和结束语：

——发函：标题为《关于××××××的函》；正文启承语为“现函告如下”；需要结束语的，如请求解决困难的函，可用“请予支持”等。

——复函：标题为《关于××××××的复函》；正文启承语为“现复函如下”；需要结束语的，如答复意见的函，可用“以上意见，请予考虑”等。

④对于征询意见的函，首先要写明征询意见的缘由；其次要写明需要询问和了解或征求意见的事项，必要时应写明本单位对该事项的倾向性意见；第三要写清函复的时间要求和联系人及联系电话等。

⑤对于答复意见的函，首先要写明对什么来函或什么问题进行函复；其次写明对来函内容的总体意见或评价；第三要写明函复的具体意见。

⑥对于请求批准和答复请求批准的函，二者在内容和要求上分别与请示和批复大致相同，只是在形式上要以函来行文。

2. 常用拟制模版

模板 1-27　征询意见函

×××关于××××××征求意见的函

××××（主送单位）：

为了××××××（目的），根据××××××（依据），我们拟×××××（或我们研究制订了《××××××》）。现就××××××有关问题征求你们意见（或现将《×××××》转去），请研究提出修改意见，于××××年×月×日前函告××××××。

联系人：×××

电话：××××

（印章）

××××年×月×日

模板 1-28　答复意见函

×××关于××××××有关意见的复函

××××（主送单位）：

你们《关于征求××××××意见的函》（文号）收悉。经研究，现将有关意见函复如下：

一、原则同意××××××。

二、××××××（具体意见）。

（印章）

××××年×月×日

模板 1-29　请求批准函

×××关于申请××××××的函

××××（主送单位）：

为了××××××（目的），根据×××××（依据），我们申请×××××。现将有关情况和我们的意见函告如下：

一、××××××（基本情况）。

二、××××××（必要性和可行性及其意义）。

三、××××××（我们的意见）。

现将有关材料报送你们，请予审批。

（印章）

××××年×月×日

（九）纪要

1. 使用说明

（1）适用范围：会议纪要适用于记载和传达会议情况和议定事项。

（2）以会议纪要行文的形式主要有以下几种：

①以纪要为文种，以单位名义直接行文；

②以通知为文种，印发纪要；

③以会议纪要的特定格式印发会议纪要，其标识由“××会议纪要”组成。

（3）纪要的拟写分两部分：第一部分应写明会议概况，包括会议时间、地点、组织者、主持人、会议议程、进行情况以及对会议的总体评价等；第二部分是主体部分，反映会议的主要精神、讨论意见和议定事项等。会议纪要大致有以下几种写法：

①集中概述法。即对会议的基本情况研究的主要问题、与会人员的认识和议定的有关事项（包括解决问题的措施、办法和要求等）等进行概述和说明。此写法多用于小型的、议题比较集中单一、且意见比较一致的会议。

②分项叙述法。即将会议的主要内容分成几部分逐项写明。多用于大中型会议或议题较多的会议和需要基层单位全面领会、深入贯彻会议精神的会议。

③发言提要法。即将具有典型性、代表性的发言加以整理、提炼，按照发言顺序或不同内容分别阐述说明。此写法多用于需要全面了解与会人员意见的会议。

2. 常用拟制模版

模板 1-30　会议纪要

××××××纪要

（第×号）

××××（制发单位）　　　　　　　　　　　　××××年×月×日

××××年×月×日，×××同志主持召开××××××会议，会议研究讨论了××××××事宜，研究部署了××××××等有关工作，现形成纪要如下。

一、研究讨论了××××××事宜

会议研究讨论了××××××事宜，经研究，会议决定××××××。

二、通报了××××××并研究审议了××××××

会议听取了×××关于××××××的汇报，经研究，会议决定××××。

三、××××××××××××

××××××××××××××××××××××。

会议强调××××××××××。

出席：××××（单位）×××（姓名）、××××（单位）×××（姓名）

请假：××××（单位）×××（姓名）、××××（单位）×××（姓名）

列席：××××（单位）×××（姓名）、××××（单位）×××（姓名）

分送：×××、×××、×××、×××。

抄送：×××、×××、×××、×××。

六、公文发文流程及发文各环节注意事项

公文发文涉及多个部门和岗位，可以分为拟制环节、审核环节、签发环节和印发环节，每一个环节内又有一系列的操作步骤。整个发文流程极其严密，环环相扣（见图 1-5）。

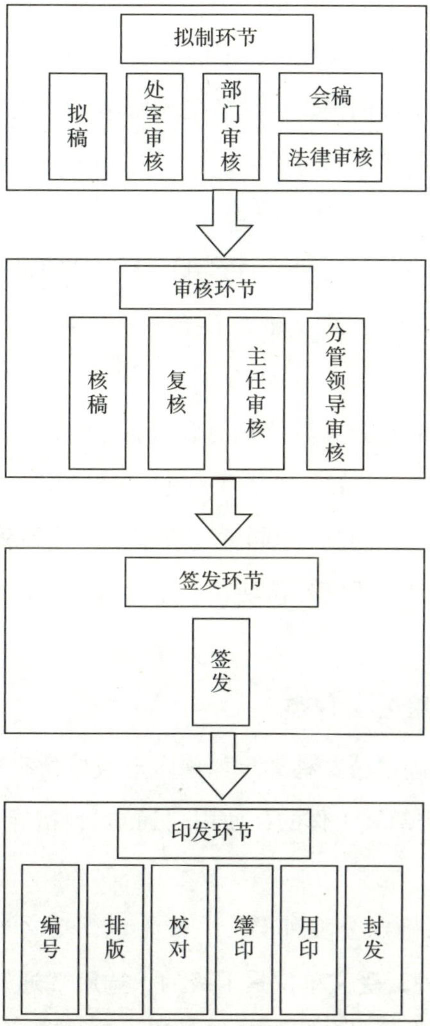

图 1-5　公文发文流程图

（一）拟制环节注意事项

本环节任务的主要承担者为职能部门。作为公文发文的起始环节，公文拟制环节的工作决定着公文质量的好坏高低。公文拟制的关键在于拟稿。按照职责分工，文稿由主办部门负责拟写；对政策性较强、涉及面广、问题复杂的公文也可组成专门班子共同拟稿。文稿拟写完毕，要由处室内设机构负责人、部门负责人审核把关，并签署姓名和日期。公文涉及其他部门职能时，还要由公文主办部门做好协商会签工作，由相关职能部门履行会签手续后，再交由下一环节处理。

公文拟制环节包括以下内容：

（1）拟稿：即由相关部门责成部门工作人员或部门负责人拟写文稿。拟稿人拟稿时要在发文稿纸首页签署个人姓名、拟稿日期，并留注办公电话。

（2）处室审核：即由部门内设处室负责人对本处室人员拟写的文稿进行审核把关。审核后处室负责人要签署明确意见，即“符合……，同意”等字样，并签署姓名、日期。

（3）部门审核：即由部门负责人对本部门人员拟写的文稿进行审核把关。审核后部门负责人要签署明确意见，即“符合……，同意”等字样，并签署姓名、日期。

（4）会稿：即当所起草公文涉及其他部门职能时，由公文主办部门与相关部门进行协商会签，征求其意见并履行会签手续的一个过程。相关部门会稿后，要签署明确意见，即“符合……，同意”“同意”等字样，并签署姓名、日期。

（5）法律审核：对涉及重大经济活动、重要管理制度等文件，还应提交法律部门审核。

1. 如何选择和使用公文种类

（1）根据行文目的确定公文种类。如请求上级单位批准、给予指示、帮助支持的，使用“请示”；安排部署工作的，使用“通知”；指导下级工作的，则使用“意见”。

（2）根据行文关系确定公文种类。一般来说，受文单位是上级的，选用“请示”“报告”等上行文种；受文单位是下级的，选用“通知”“批复”等下行文种；向不相隶属单位行文，使用“函”等平行文种。“纪要”“意见”则在上行、下行、平行文中皆可使用。

2. 注意行文方式区别

行文方式指的是公文行文的方法和形式。行文方式从不同角度可以有不同的分类：

（1）按发布传递范围，可分为内部行文和对外行文。内部行文指仅在本机关内运行的公文，俗称“白头文件”；对外行文，是指通过文书部门或邮电部门封装传递至其他机关的公文，因其版头中发文机关标识套红印刷，故俗称“红头文件”。

（2）按公文传递途径不同，可分为直接行文和间接行文。

（3）按照机关隶属关系和公文的发送、效力范围，可分为逐级行文、多级行文、越级行文、直接行文等多种。机关对外发文，应考虑需要和可能的条件，选择适宜的行文方式：

①逐级行文：为了维护正常的领导关系，有隶属关系或业务指导关系的机关之间一般应采用逐级行文的方式，按级逐级上报或下发文件，即只对直属上一级机关或下一级机关制发公文，如果需要，再由上一级或下一级机关转发。

②越级行文：特殊情况下，下级机关越过自己的直接领导机关向更高的上级领导机关行文甚至中央行文（遇有重大紧急情况如战争、自然灾害；多次请示直接上级长期未得到回复；上级领导或领导机关直接指定越级上报的事项；对直接上级检举或控告；直接上下级有争议而无法解决的重大问题；询问只有直接上级机关的上级才能答复的事项），只能用上行文。为了维护组织或专业系统中的合理分工和正常的工作秩序，防止工作上的脱节、被动或抵触，一般情况下应避免越级行文。

③多级行文：为加快公文的传递，下级同时向自己的直接上级和更高上级行文或上级同时下达几级机关的方式，包括直达基层组织和向人民群众公布，上下行文皆可。

④直达行文：党政机关直接发到最基层或者传达到人民群众的一种直接行文方式，属于向下行文。

⑤直接行文：发文机关直接向需要承办或执行的有关受文机关行文，是最常见、最基本的行文方式，平行机关或者不相隶属机关之间多采用这种行文方式。

3. 行文要遵循规则

行文规则是制发公文必须遵循的基本准则。行文应遵循以下基本规则：

（1）行文原则：确有必要，注重效用。

（2）行文权限：

①行文关系根据隶属关系和职权范围确定，不得越级请示和报告。

②根据授权行文。上级单位职能部门根据授权，可向下级单位行文。

③同级单位或相应单位可以联合行文。

④除特殊情况下（遇有重大紧急情况如战争、自然灾害等），不得越级向上级机关行文。

4. 文稿撰写注意事项

（1）了解有关背景，学习相关政策，全面、准确理解和领会领导意图，并按照领导批示、指示或会议议定事项，根据行文规定，用统一规定的发文稿纸拟写。

（2）请示类公文拟稿前应与受文上级主办部门进行沟通。

（3）行文前要设计好文稿框架。根据行文目的，提炼主旨，编写提纲，安排结构，力求主旨正确、鲜明、层次清楚，思路清晰。

（4）文稿在内容上要做到准确无误。即符合党和政府及上级单位的方针政策；符合有关领导的撰制意图；符合客观实际。

（5）文稿格式上要正确。即按照公文的统一格式和各文种的特殊要求撰写，任何一处都不能有疏漏。

（6）文字表达要确切。要按照公文语体准确、简洁、规范、得体的要求，将文稿内容完好地表达出来，并保持良好的文风。

5. 公文语言基本特点

一般来说，公文语言有五大特点，即表述明确、表意准确、语言平实、用语得体、用词庄重。

6. 拟写公文标题的注意事项

（1）公文标题由发文机关、事由和文种三要素组成。

（2）公文标题要准确概括公文的主要内容，突出表达行文的主要目的，并正确选用文种。

（3）公文标题中一般不使用标点符号，但下列特殊情况除外：

①公文标题中出现缩略语以及具有特定含义的词语时用引号；

②公文标题中某一部分需要注释或者说明时用括号；

③公文标题中出现法规、规章名称和书名、报刊名时用书名号。如《×××关于印发〈××××××工作规则（试行）〉的通知》；

④公文标题中出现并列词语之间的停顿时可用顿号。

（4）拟制转发式公文标题时，为避免出现由于转发层级较多致使标题冗长，一般有以下三种处理方法（以总局拟转发国资委转发的财政部《×××关于做好2018年×××工作有关问题的通知》为例）：

①省略法。即将标题中涉及的所有书名号去掉，在保证标题必备要素（事由+文种）的情况下，对可省略的内容进行压缩。如《转发国资委转发财政部做好2018年×××工作有关问题通知的通知》；

②替代法。即根据拟转发文件的要求，替代为布置该项工作的通知。如《关于进一步做好2018年×××工作的通知》；

③直转法。即对拟转发的文件仅要求照章执行，但未提出具体要求的情况下，直接转发需执行的主体文件。如《转发财政部做好2018年×××工作有关问题通知的通知》。

7. 公文拟制中引文的注意事项

拟写公文时，有时需引用有关材料（领导批示、领导讲话、公文、法律法规条文等），应注意以下几点：

（1）完整。即要保证所引内容的完整性，切忌断章取义。引用某一公文时，要标明标题和发文字号。但当同一公文被再次引用时，可省略发文字号只引用标题，或省略标题只引用发文字号。引用法律法规条文若涉及有关条款说明时，要将其“条”“款”“项”引全，不能漏引。

（2）准确。即必须保证引用材料的准确无误。直接引用时，一般将所需内容如实抄录，并用引号加以标注。间接引用时，必须忠实原文，不得改变原意。需要注意的是，领导同志未公开的讲话和批示，不得直接引用。

（3）有序。即引用有关材料时，要按照一定的顺序加以标引。如引用公文时，应按照发文时间、发文单位、标题、发文字号的顺序；引用法律法规，一般应按照法律法规名称、章、节、条、款、项的顺序；引用出版物，一般可按照卷次、版次、页数的顺序。

8. 公文中使用数字的注意事项

（1）公文中使用的数字，必须来源可靠、权威，准确无误，且统计口径统一。除要求必须使用汉字外，均应使用阿拉伯数字。

（2）公文中的数字使用汉字的情况主要有：

①部分结构层次序数，即第一、第二层次序数；

②数字作为词素构成定型的词、词组、惯用语、缩略语、具有修饰色彩的语句时，以及邻近两个数字并列连用用以表述概数（如三四天、十之八九）等；

③整数一到十，如果不是计量和统计数字，在文字表述中常用汉字，如“一文一事”。

（3）公文中使用阿拉伯数字的情况主要有：

①机关公文的成文日期；

②印发日期、附件说明的附件序号；

③计量和统计数字；

④表示时间、数量等，例如年份、日期、时、分、秒；

⑤多位数字。

9. 如何标注公文的结构层次序数

按照《国家行政机关公文格式》的规定，公文的结构层次序数第一层为“一、”，第二层为“（二）”，第三层为“1.”，第四层为“（1）”。需要特别注意的是，第三层阿拉伯数码后是下角圆点而不是顿号，即为“1.”，而非“1、”。

在实际中，如果不需要全部四个层次，在只有一个或两个层次时，可以按顺序跳用。例如：只有一个层次时，可在“一、”或“1.”中选用；只有两个层次时，可用“一、”和“1.”标注。在同一篇公文中，结构、层次、序数使用要统一。

10. 如何处理公文附件

附件是指附属于公文正文的有关材料，具有对正文进行补充说明或提供相关资料的作用，是公文的组成部分。公文若有附件时，应在正文下空一行标注附件说明。标注时应注意：

（1）在公文正文之后“附件说明”标注的附件序号和名称，应与所附附件的顺序和名称完全一致。

（2）附件序号应使用阿拉伯数字，附件名称后不加标点符号。例如：

附件：1. ×××××××××

2. ×××××××××

（3）附件应与正文一起装订。如果不能装订在一起时，应在附件左上角第一行顶格标注该公文的发文字号，并在其后面标识附件（或带序号）。

11. 如何标注公文附注

公文中如有附注，居右空二字，加圆括号编排在成文日期下一行。请示件在附注处标注具体联系人姓名及联系电话。

（二）审核环节注意事项

公文审核环节任务的主要承担者为办公室（党委办公室），一般包括以下内容：

（1）核稿：即公文在送领导同志签发前，由办公室文秘人员对文稿进行审核把关，以确保公文质量的一个公文处理环节。核稿人员完成核稿后要标明“已核稿”字样，并签注核稿人姓名及核稿日期。

（2）复核：即由办公室副主任对办公室文秘人员进行核稿后的文稿进行再次审核把关。完成复核后要标明“已复核”字样，并签注复核人姓名及复核日期。

（3）主任审核：即由办公室主任对核稿、复核后的文稿进行审核把关，签署送分管领导审核或签发的审核意见。主任审核后要提出明确意见，并签注“请×××批示”“请×××审核”“请×××签发”等字样，并落款留注姓名和日期。若文稿审核不能通过，则返回上一环节重新修改处理。

（4）分管领导审核：对于需要分管领导审核、并由主要领导签发的重要文稿来说，在文秘核稿、主任审核之后，还要再请文稿所涉及工作的分管领导进行审核把关，即分管领导审核。分管领导审核后，要提出明确意见，签注“已审核，同意”“已审核，符合政策要求和实际同意发”等字样，并签署姓名和日期。

1. 公文审核的重点

（1）程序方面：是否确需行文；是否符合行文方式和行文规则；内容涉及的相关部门是否会稿，会签手续是否完备等。

（2）政策方面：是否符合党和国家的路线、方针、政策；提出的政策性建议和新出台的政策规定，是否与现行的政策规定相统一、相衔接，是否切实可行等。

（3）内容方面：是否符合党和国家的方针、政策和有关法律、法规，以及上级机关的有关精神；政策是否保持连续性，提法是否同已发布的文书相衔接；提出的措施和办法是否符合实际，切实可行；反映的情况是否真实准确等。

（4）文字方面：文字表述是否概念准确、简明扼要、条理清楚、标点正确、语法规范；数字、层次序数等是否规范；逻辑结构是否合理，重点是否突出；有无错字、漏字等。

（5）格式方面：文种使用是否恰当；文书标引格式规定的各个项目是否齐全；秘密等级和保密期限、缓急程度、主送、抄送等的确定是否合理。

2. 公文审核的主要方法

（1）把文稿内容同实际情况相比较，检查有无脱离实际的内容。

（2）把文稿内容同上级机关、平行机关的有关文件精神以及本机关过去的有关规定相比较，检查有无上下、左右、前后不协调的方面。

（3）把文稿的标题同内容相比较，检查有无文不对题或者标题不能概括主题的情况。

（4）把领导制文意图同文字表述相比较，检查有无词不达意或有违领导意图的现象。

（三）签发环节注意事项

签发是指单位负责人在办公室审核的基础上，对送审稿进行最后审阅，确认可以发出后，在发文稿纸的签发栏内写明发文意见并签字的发文环节。文稿一经签发便由送审稿转化为定稿，具有法律和行政效力。

公文签发的基本要求如下：

（1）认真细致：领导人在签字前要认真仔细审阅文稿，发现问题应予修改。如需退回修改，可在发文稿纸的“领导审核”栏中批明意见，或请秘书口头转告拟稿部门。修改意见不应写在签发栏中。

（2）意见明确：签发时应在发文稿纸的签发栏内写明“发”“同意发”等明确性意见，不得使用模糊性语言。

（3）亲署签名：公文的签发应由领导人亲自署上姓名和日期，日期要具体；联合行文一般由主办机关首先签署意见，协办单位依次会签（不得使用复印件会签）。

（四）印发环节注意事项

公文印发环节任务的主要承担者为办公室（党委办公室）和直接起草文件的职能部门。

1. 编号

编号即由办公室对要发出的文稿统一编排发文字号的环节。编号工作必须在领导签发之后、缮印之前进行。编号中的机关代字等由办公室统一编制，一旦确定，长期稳定。

发文编号时，应按照总局文件和各直属单位文件两大类分别编号。

（1）总局文件发文编号规则。

①中国煤炭地质总局文件：中煤地发××〔20××〕××号。

②中共中国煤炭地质总局委员会文件：中煤地党发××〔20××〕××号。

③中国煤炭地质总局办公室文件：中煤地办发××〔20××〕××号。

④中共中国煤炭地质总局委员会办公室文件：中煤地党办发××〔20××〕××号。

⑤中国煤炭地质总局函：中煤地函××〔20××〕××号。

⑥中共中国煤炭地质总局委员会函：中煤地党函×××〔20××〕××号。

（2）各直属单位文件发文编号规则。

①省局文件以国家惯用的省区简称用字比照总局文件编号办理，如：鄂煤地发〔20××〕××号。

②专业局文件，如水文地质局：中煤地水文发〔20××〕××号。

③在京单位，如勘查研究总院：中煤地总院发〔20××〕××号。

2. 排版

排版即由办公室根据发文类型，选择与之对应的公文模版，并根据制文规范进行排版，提供文稿给拟制者进行校对的过程。

3. 校对

校对即由拟稿人在印制前再次对文件进行全面校对。校对是保证文件缮印质量的重要环节，要注意做到：

（1）校对应依照国家统一的标准校对符号及用法（详见 P104 - 106）进行，涉密纸质文件校对，必须用黑水笔书写校对符号和示意改正的字符，不能用铅笔书写；校样上改正的字符要写清楚，校样中的校对引线要从行间画出，墨色相同的校对引线不可交叉；普通文件校对，必须在综合办公平台上进行编辑，设定审阅人（拟稿人）名称，保留修改痕迹。

（2）校对中的文字内容要以原稿（定稿）为依据。领导签发后的文件，原则上不得再做任何改动。除常识性错误外，如需修改文件内容，应由拟稿人在存档痕迹稿件上修改，部门负责人审核签字，报请签发领导同意后，方可修改。

（3）校对中要消灭和纠正排版的错误，统一字体、字号、格式。

（4）重要文件清样（即最后一次校订、准备付印的校样）应送领导人审批、修改。

（5）文件印好后，还应认真校对，确保万无一失。

4. 缮印

缮印即根据编号后的定稿制作公文正本的环节。缮印环节要注意做到：

（1）严格按照公文标印格式印刷，且不得擅自改动其中文字。

（2）缮印工作要细致，做到文面清晰、整洁、美观。

（3）分清缓急，注意保密。急件要先打先印。密件要注意保密，特别是印制密件的废弃纸张和校样要妥善处理，不得移作他用。

（4）要尽量避免末页无正文现象。公文排版后，当所剩空白处不能容下印章位置时，应采取调整行距、字距的措施加以解决，务使印章与正文同处一面，不得采用标识“此页无正文”的方式解决。

5. 用印

用印即在需用印章的公文上加盖（套印）相应印章的环节（见图 1-6）。

（a）单一单位行文　　（b）联合行文

图 1-6　公文用印示例

（1）加盖印章的公文。成文日期一般右空四字编排，印章用红色，不得出现空白印章。

单一单位行文时，一般在成文日期之上、以成文日期为准居中编排发文机关署名，印章端正、居中下压发文机关署名和成文日期，使发文机关署名和成文日期居印章中心偏下位置，印章顶端应当上距正文（或附件说明）一行之内。

联合行文时，一般将各发文机关署名按照发文机关顺序整齐排列在相应位置，并将印章一一对应、端正、居中下压发文机关署名，最后一个印章端正、居中下压发文机关署名和成文日期，印章之间排列整齐、互不相交或相切，每排印章两端不得超出版心，首排印章顶端应当上距正文（或附件说明）一行之内。

（2）不加盖印章的公文。

单一单位名称行文时，在正文（或附件说明）下空一行右空二字编排发文机关署名，在发文机关署名下一行编排成文日期，首字比发文机关署名首字右移二字，如成文日期长于发文机关署名，应当使成文日期右空二字编排，并相应增加发文机关署名右空字数。

联合行文时，应当先编排主办机关署名，其余发文机关署名依次向下编排。

党的机关有特定发文机关标志的普发性公文可以不加盖印章。

6. 封发

封发即将印制并盖完章的纸质文件进行装封然后进行传递的环节，或将加盖公章的电子公文通过综合办公平台发送总局领导、总部有关部门及下发有关直属单位（党委）的环节。注意事项有：

（1）封发前要按照规定和要求对文件进行登记。

（2）纸质文件装封时要做到“五查”：查文件份数；查有无附件；查是否漏盖印章；查文件的收文机关与信封上的收文机关是否一致；查有无多发、重发和漏发的单位。

（3）向上级单位发送的保密件、急件必须在信封上标明密级和紧急程度；亲启件要写明收件人的姓名并标注“亲启”字样。

（4）公文一般通过非涉密电子公文传输系统传输，保密件通过机要文件交换站进行交换。

七、公文收文流程及收文各环节注意事项

公文收文同样涉及各个部门和岗位，可以分为收文登记环节、批办环节、承办环节、催办环节和办结环节。整个收文流程规整有序，缺一不可（见图 1-7）。

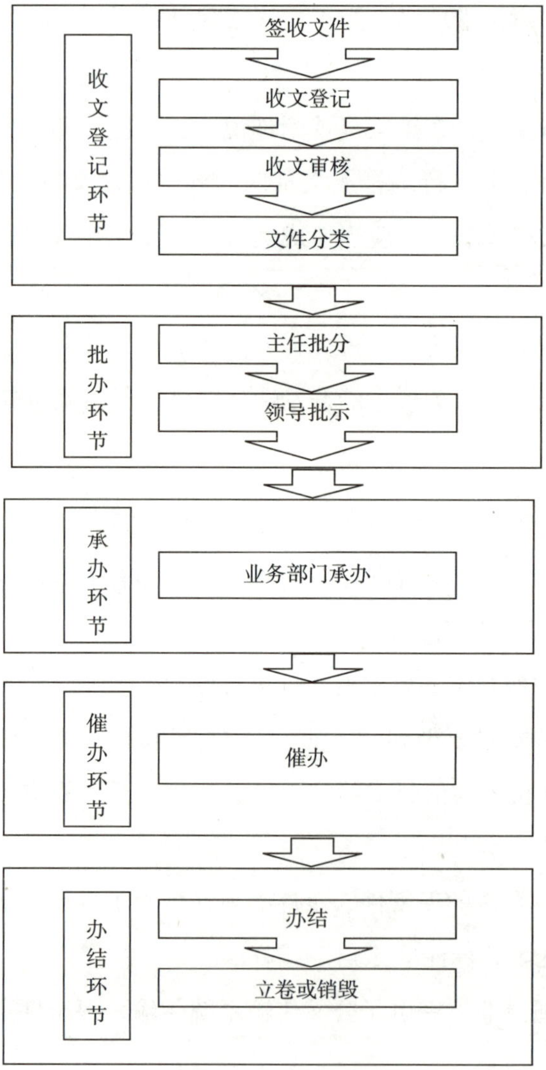

图 1-7　公文收文流程图

（一）收文登记环节注意事项

1. 签收文件

对于下列文件可不必登记：①公开的和内部不保密的出版物；②一般性的简报；③已被综合性文件详细包括的文件；④事务性的通知、便函等；⑤领导人的亲启件。

2. 收文登记

收文登记时，应在所收文件的右眉首加盖收文登记章。收文内容包括收文单位名称、收文号、收文日期（见图 1-8）。

中国煤炭地质总局

收文 ________________ 号

年　　月　　日

图 1-8　收文登记章示例

加盖登记章后，还要对文件进行详细登记，以备查阅。收文登记具体内容见表 1-2。

表 1-2　收文登记表示例

收文号	日期	来文文号	来文机关	来文标题	密级	缓急	批分	传阅情况	领导批示	复文字号	归卷情况	备注

3. 收文审核

收文审核的重点为：①是否应当由本机关办理；②是否符合行文规则；③内容是否符合国家法律、法规及其他规定；④涉及其他部门或地区的事项是否已协商、会签；⑤文种使用、文书格式是否规范。

4. 文件分类

收文登记、审核后，办公室机要文书人员还要根据办公室主任意见，对文件进行分类。除了一般可由职能部门直接阅知或办理的文件和会议通知等之外，再将来文分为办件和阅件。

其分类标准为：主送本单位需要落实答复、汇报或反馈结果的公文为办件，主送和抄送本单位领导同志、有关部门阅知的公文为阅件。

（二）批办环节注意事项

1. 主任批分

收文由办公室（党委办公室）主任或委托副主任负责批分。批分时要注意：

（1）对于日常性业务或已明确承办部门的来文，直接批给职能部门办理。

（2）对于请示、报告类公文，涉及全局性、政策性、指导性或重大问题的公文，以及按照职能分工难以明确具体承办部门的来文，批分给主要领导人；专业类来文批分给分管领导人。

（3）主任批分后，送领导传批、传阅的公文，原则上按照领导同志的排序依次呈送。但是，传批件由后向前送批，传阅件由前向后送阅。文件应由办公室统一组织传递，领导同志之间不能横传文件。如遇领导同志出差在外或其他原因不能阅批时，由办公室注明事由后转呈其他领导同志阅批。

2. 领导批示

领导批示即领导人对来文由谁办理、如何办理提出批示意见的决策性活动，是领导人参与文件处理的重要环节。该环节的注意事项有：

（1）需组织传达和传阅的文书，负责批示的领导要批明传达或传阅的范围、方法、时间。

（2）需本机关贯彻执行的，批示时要提出具体的贯彻措施和步骤。

（3）需向下交办落实的文件，应批明承办部门或承办人员及承办期限和要求，如需两个以上部门会办，应批明主办单位。

（4）涉及方面较多的文件，应实行有关部门会批。会批中产生分歧难以协调的，呈主要领导人批示。

（5）批示意见要明确、清楚，姓名和日期要完整。

（6）部分文件在领导人批办、明确承办部门后，要由办公室做好再次分文工作。

（三）承办环节注意事项

承办是指收文单位有关部门或工作人员根据领导人批办的意见和文件的内容、要求，对文件进行具体办理落实的环节。

承办是公文处理程序的核心环节，也是公文发挥现实效用的基本保证。承办的过程往往需要拟制新的文件，如批转、转发文件时需要拟制通知，对文件提出的事项办理后要产生结案报告、处理决定，答复承办中的复文答复必须发出批复（针对下级的请示）、复函（针对不相隶属机关的问函）、报告（针对上级机关的询问）等。因此，承办又往往是本机关发文程序的开始。必须注意以下事项：

（1）务求时效。承办部门收到交办的文件之后，应当及时办理，不得延误、推诿。紧急文件应该在规定的时限内办理完毕。

（2）分清主要与协办。主办部门要负责牵头、协调、拟稿，并与协办部门充分协商，取得一致。协办部门要主动配合，有效地协助主办部门共同完成任务。

（3）区分复文与不复文。凡可以采取口头、电话、派人联系等方法解决的问题，则不必书面答复，但需做好记录。

（四）催办环节注意事项

催办是对文件承办环节的督促、检查，提醒承办部门和承办人员及时办理的文件处理环节。催办是避免文件积压、加速文件运转的重要措施。

1. 催办的范围

（1）上级领导、本级领导交办的事项或需要办复的公文。

（2）同级或其他不相隶属机关要求答复与办理的事项。

（3）下级机关的请示。

（4）会议决议中需要办理落实的重要事项。群众来信来访要求答复与处理的重要事项等。

2. 催办的方法

一般来说，催办可以使用电话催办、书面催办、跟踪催办三种方式。

3. 催办的注意事项

（1）组织落实，要指定专人专管或兼管催办工作。

（2）制度完善。

①记录制度，即建立催办登记簿，将每次催办的情况记录在案（催办文件通知单格式和内容见表1-3）；

②及时返回制度，即根据文件的轻重缓急和领导批示，要求承办部门及时办理，并及时向催办部门反馈办理情况。

表1-3　催办文件通知单示例

中国煤炭地质总局办公室

催办文件通知单

被催办单位			
文件标题			
催办文件字号		收文号	
文（转）办日期		催办日期	

中国煤炭地质总局办公室催办文件通知单

__________：

《______________》（收文号______________）已于________年____月____日交（转）给你们承办，请将办理结果速报______________。

________年____月____日（盖章）

（3）分工协同，要做到分工负责，做到责任到部门、到人，同时，各部门和人员相互协同，做好催办工作。

（4）检查汇报，经常检查催办工作的情况，做好统计分析。

（五）办结环节注意事项

公文的办结是指由具体承办人在文件处理单上留注承办的结果、方式和日期，表明文件办理的结束，随之对文件进行立卷存档或销毁。

1. 办结

承办的方式不同，做好办结留注的方式和要求也不同。

（1）以复文的方式承办的，应注明拟稿部门、复文名义、复文字号、复文标题、受文单位、复文要点、复文方式（传真、邮寄、电子邮件等）以及复文日期。

（2）以电话或面谈的方式承办的，应注明谈话人（通话人）姓名、谈话（通话）的时间、谈话（通话）的地点、对方的单位名称、谈话（通话）对象的姓名和职务、谈话（通话）的要点。

（3）以传达、传阅的方式承办的，应注明何时何地在何范围以何种方式传达或传阅。

（4）上级机关批示交办的文件，应向上级机关书面报告承办结果。书面报告的发文名义、发文字号、主送机关、标题、成文时间等应当留注。

2. 立卷

立卷是指办公室将办理完毕的、具有保存价值的一个个零散文件按照其内在联系，分门别类地组成一个或数个案卷的过程。立卷的范围指本机关在工作中或业务活动中形成和使用且办理完毕、具有查考价值的收发文件。其基本步骤为：①编制立卷类目；②平时归卷；③年终调整组卷；④文件级整理。

文件级整理就是将归档文件以件为单位进行装订、分类、排列、编号、编目、装盒，使之有序化的过程。

3. 销毁

公文的销毁即对已不具备留存价值的公文材料所做的毁灭性处理。销毁的范围包括：

（1）重复公文、多余的复印件。

（2）外机关抄送本机关参考的公文或本机关内部机构之间互相抄送的一般性公文、临时性事务性公文。

（3）外出参加会议带回的无保存价值的公文。

（4）一般公文的草稿、校样与其他已使用过的会议讨论稿、征求意见稿等。

（5）一般性的群众来信与来访记录。

（6）不销毁即会失密或泄密，造成严重损失的各种公文材料。

（7）失去留存价值的统计报表、登记簿册、简报等。

八、机要文件的管理

（一）签收、登记

（1）签收机要文件时一定要注意检查封口是否破损，密封是否完好，有无启封、拆取内装文件的痕迹，按照封皮号码逐件核对签收、清点文件份数，履行签收、交接手续，做到有据可查。

（2）收取的秘密文件应由机要人员拆封。指定由领导同志亲自拆封阅办的绝密级文件，他人不得拆阅。

（3）根据文别、密级，分别进行登记、编号手续。

（4）参加会议人员带回的秘密文件和资料，任何个人不得长时间保存秘密文件，必须及时移交机要文件保管人员管理，因工作需要，可向机要部门借阅。

（二）借阅、复印管理

（1）借阅、复印机要文件时，要严格按规定范围借阅、复印。应与阅读范围一致，即文件批分处理范围，因工作需要借阅规定范围以外的文件时，须经主管领导批准。

（2）总部各部室指定专人负责机要文件的领取传递，并严格履行签字手续，其他人员未经领导批准不得领取传递机要文件。

（3）上级国家行政机关的发文，除绝密、密码电报和注明不准翻印、复印、转发的以外，因工作需要必须复印的，要经保密部门同意，单位主管领导批准，填写“涉密文件资料借阅、复印审批单”（见表1-4）。复印文件时，在复印件上统一编号，复制的文件要严格控制发放的范围和份数，并视同原件予以管理，归还后统一销毁。

（4）未经同意，不得转借和私自扩大传阅范围，更不能擅自复印、摘抄。

表 1-4　涉密文件资料借阅、复印审批单示例

<table>
<tr><th colspan="5">涉密文件资料借阅、复印审批单</th><th>编号 No：</th></tr>
<tr><td>申请部门</td><td colspan="2"></td><td>申请人</td><td colspan="2">年　月　日</td></tr>
<tr><td>文件、资料名称
及文号</td><td colspan="5"></td></tr>
<tr><td>文件、资料来源部门</td><td></td><td>密级</td><td></td><td>需要份数</td><td></td></tr>
<tr><td colspan="3">借阅、复印资料的理由：</td><td colspan="3">需要传达（使用）的范围：</td></tr>
<tr><td>部门审核</td><td colspan="5">部门负责人：　　年　月　日</td></tr>
<tr><td>办公室审核</td><td colspan="5">部门负责人：　　年　月　日</td></tr>
<tr><td>总局领导审批</td><td colspan="5">审 批 人：　　年　月　日</td></tr>
</table>

（三）机要文件的传阅

机要文件一律严格按照上级规定范围传阅，机要文件由专人用专用文件夹传递，不得横传；任何人不得随意扩大阅文范围，也不允许向规定范围以外的人员泄露文件内容；阅文应在规定的机要文件阅文室阅知，并履行签字手续，不得带出。

（四）机要文件的投递

（1）机要文件向外投递，必须通过机要交通或专人传送，严禁使用普通邮政寄送传递机要文件。

（2）递送秘密文件，一律包装密封，按规定标明秘密等级。根据国家机关机要交换站规定，在信封左侧粘贴条码标签并备注密级及紧急程度，绝密文件还应粘贴密封条或加盖密封章。

（3）限时送达的机要文件不得通过机要交换方式送达，应指派机要交换员专门送达。

（4）携带机要文件时必须使用专用箱包，驾乘机要通信车辆，不得乘坐出租车或地铁等交通工具。

（5）交换过程中不得察看机要文件，不得擅自更改机要文件的密级、时限、收发文单位名称。

（五）机要文件的清退、归档

（1）绝密级机要文件，阅后立即按发文单位要求退回。非绝密级机要文件，由各单位机要部门按照规定保管、立卷、归档或销毁。

（2）由各单位保管的涉密文件，要定期清查，按期清退、归档。在重大节日（如“五一”“十一”、元旦、春节）前，要进行保密工作和文件管理工作检查。发现泄密和丢失文件，要立即追查，及时逐级上报。一般 3 个月或者半年清查一次，年终应将所管文件进行一次总清理，并按照规定要求做好清退和立卷归档准备工作。

（六）机要文件的销毁、移交

（1）销毁秘密文件、内部资料，须经办公室主管公文处理工作的负责人批准，任何人不得自行销毁。

（2）需要销毁的秘密文件、内部资料，必须登记造册，在国家保密局指定的销毁单位销毁，销毁过程必须有单位机要、保密人员共同在场，并由监销人员和销毁人员共同签名。

九、文件归档

（一）文件清退管理

文件办理完毕后，将承办部门和承办人员暂存的文件收回到机要人员手中，就是文件的清退。

1. 文件清退范围

（1）属于国家秘密的文件。

（2）发现有重大错误、必须防止扩散的文件。

（3）征求意见用的各种稿本，如讨论稿、征求意见稿、草稿等。

（4）送领导人员或有关人员传阅的文件。

（5）未经领导本人审阅的讲话稿、发言稿。

（6）转交有关部门办理但必须由办公室立卷存档的文件。

（7）需要由机要部门集中销毁的文件。

2. 文件清退流程

文件清退一般可分为分发文件、加强催退、清点核对和交接签字四个环节（见图 1-9）。

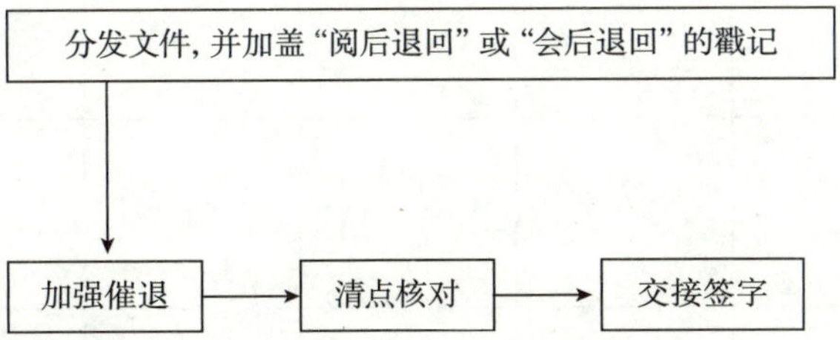

图 1-9　文件清退流程

（二）文件销毁管理

文件销毁是在文件清退的基础上，对文件的保存价值进行鉴定，有选择地销毁无保存价值的文件，提高文件的管理效率，同时有效防止秘密文件的丢失和泄密。

1. 文件销毁范围

（1）归档文件的重份件。

（2）无保存价值的文件、资料。

（3）上级授权或指定销毁的文件。

2. 文件销毁流程

文件销毁流程可为分为广泛收集、鉴定造册、领导审批和专人监销四个环节（见图1-10）。

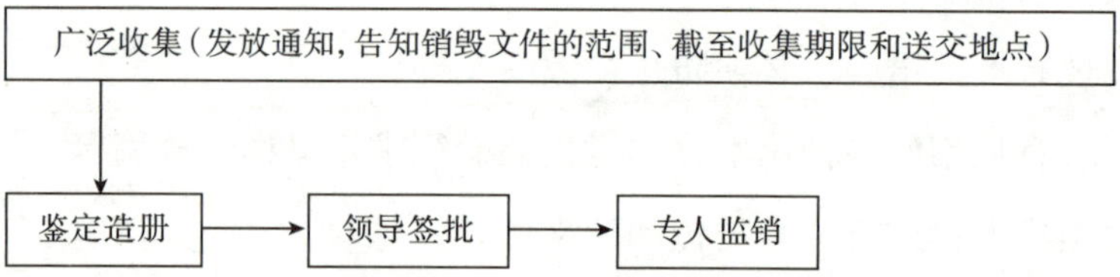

图1-10　文件销毁流程

销毁文件要提前进行登记，其清单格式如表1-5所示。

表1-5　文件销毁登记清单

序号	发文机关	文件标题	发文字号	销毁份数	销毁原因	备注
审批人		销毁人		销毁日期		

（三）文件归档

经领导审核签发完毕的非涉密文件，应保留定稿文件各环节修改痕迹并打印纸质版保存。经排版并校对无误印制封发后，打印最终印发稿（无修改痕迹）和公文签发页并加盖公章，与保留修改痕迹的定稿附在一起，作为一份文书档案。根据其发文类型进行分类并按序存放，根据文书档案汇交相关规定，按年度将文书档案移交总局档案馆归档。

1. 文件归档范围

（1）反映本机关主要职能活动和基本历史面貌的，对本机关工作、建设和历史研究具有利用价值的文件材料。

（2）机关工作活动中形成的维护国家、集体和公民权益等方面具有凭证价值的文件材料。

（3）本机关需要贯彻执行的上级机关、同级机关的文件材料，下级机关报送的重要文件材料。

（4）其他对本机关工作具有查考价值的文件材料等。

2. 文件材料不归档范围

（1）上级机关文件材料中，普发性不需本机关办理的文件材料，任免、奖惩非本机关工作人员的文件材料，供工作参考的抄件等。

（2）本机关文件材料中的重份文件，无查考利用价值的事务性、临时性文件，一般性文件的历次修改稿、各次校对稿，无特殊保存价值的信封，不需办理的一般性人民来信、电话记录。

（3）同级机关的文件材料中，不需要贯彻执行的文件材料，不需要办理的抄送文件材料。

（4）下级机关文件材料中，供参阅的简报、情况反映，抄报或越级抄报的文件材料。

3. 文件保管期限

文书档案的保管期限分为：永久、定期两种，其中定期保管分为30年、10年。

（1）永久保管的文书档案。

①本单位制定的法规等政策性文件材料；

②本单位召开重要会议、举办重大活动等形成的主要文件材料；

③本单位职能活动中形成的重要业务文件材料；

④本单位关于重要问题的请示及上级机关的批复、批示，重要的报告、总结、综合统计报表等；

⑤本单位机构演变、人事任免等文件材料；

⑥本单位房屋买卖、土地征用，重要的合同协议、资产登记等凭证性文件材料；

⑦上级单位制发的属于本单位主管业务的重要文件材料；

⑧同级单位、下级单位关于重要业务问题的来函、请示与本单位的复函、批复等文件材料。

（2）定期保管的文书档案。

①本单位职能活动中形成的一般性业务文件材料；

②本单位召开会议、举办活动等形成的一般性文件材料；

③本单位人事管理工作形成的一般性文件材料；

④本单位一般性事务管理文件材料；

⑤本单位关于一般性问题的请示及上级机关的批复、批示，一般性工作报告、总结、统计报表等；

⑥上级单位制发的属于本单位主管业务的一般性文件材料；

⑦上级单位和同级单位制发的非本单位主管业务但要贯彻执行的文件材料；

⑧同级单位、下级单位关于一般性业务问题的来函、请示与本机关的复函、批复等文件材料；

⑨下级单位报送的年度或年度以上计划、总结、统计、重要专题报告等文件材料。

（3）文件存档的范围要求。

①文件正本、定稿及文件发文稿纸、文件处理单；

②单位联合召开会议、联合行文所形成的文件材料原件由主办单位归档，其他单位将相应的复制件或其他形式的副本归档。

十、电子公文的处理

（一）电子公文的制作

公文经过排版、校对（具体操作同纸质公文，详见前文）后，在用印处插入电子公章，并对 Word 文档进行限制编辑加密。

（二）电子公文的传输

完成盖章的非涉密文件，通过总局综合办公平台上报。

（三）电子公文的接收

1. 通过总局综合办公平台进行下发和上报的文件

打开总局综合办公平台（见图 1-11），进入“待办事项”或“公文管理”中的“公文交换”栏目，查看待签收文件和已签收文件。点击“待查阅签收文件”后，选择目录表中的未签收文件，先预览正文及附件（见图 1-12）。确认文件符合公文要求后，点击“签收”并选择本单位对应收文模板进行收文登记（见图 1-13）并提交至主任批分环节。

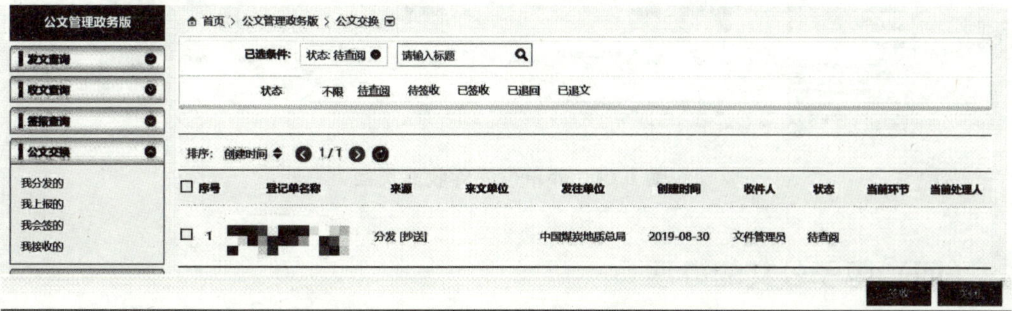

图 1-11　总局公文管理政务版首页页面

公文签收单			
登记单名称	[redacted]		
发文文号	[redacted]	创建时间	2019-08-30 11:34
来文单位		发往单位	中国煤炭地质总局
收件人	文件管理员	状态	待签收
正文附件	[redacted]的通知.doc (95.97KB)		
文档附件			

图 1-12　总局公文签收单页面

中国煤炭地质总局文件呈阅单			
收 文 号	提交后自动生成（编号） 文件编号	日　期	2019-08-31
文件标题	[redacted]		
来文单位	□外部单位	来文文号	[redacted]号
来文日期		缓　急	加急
来文文件	上传 请选择要上传的文件		
内容提要			
主任批分			
领导批示			
办理结果			

图 1-13　总局文件呈阅单页面

2. 总局系统外单位发送的非涉密文件

若文件为纸质文件，可通过扫描等方式先将其转换为电子文件（如 pdf 格式文件），然后进入“公文管理”中的“收文查询”栏目，点击“新建”选择相应收文模板，将电子文件上传，进行收文登记后提交（见图 1-14）。

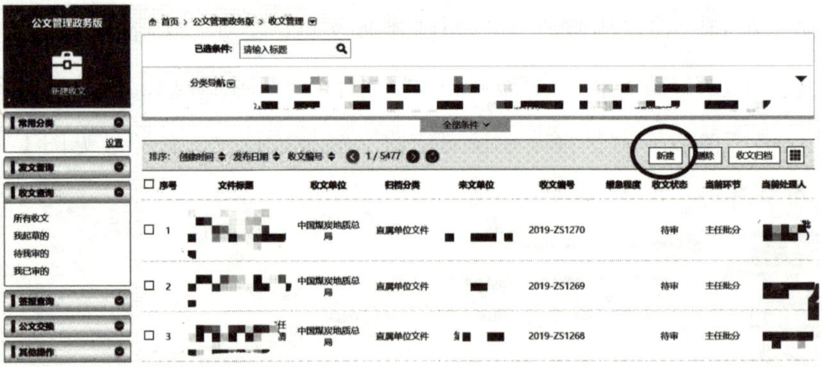

图 1-14　外单位文件收文页面

（四）电子公文的办理

电子公文的办理程序与纸质公文相同。

十一、常用公文资料

在公文处理中，为了便于开展工作，办公室人员应熟练掌握一些相关的常用公文资料，包括发文式样、部门及单位简称、常用词语等，还应了解一些易错字词及校对符号的用法。

（一）常用公文发文式样

1. 中国煤炭地质总局文件公文式样

（1）上行文式样（见图 1-15）。

（2）下行文式样（见图 1-16）。

（3）使用说明。

①适用范围：上行文适用于向上级部门呈报请示、报告；下行文适用于传达贯彻党和国家的路线、方针、政策，作出全局工作部署；批复直属单位重大事项；公布规范性文件，印发标准、办法、意见、规章制度等；人事任免；奖惩有关单位及人员等。

②发文字号：中煤地发〔20××〕××号。

中国煤炭地质总局文件

中煤地发〔××××〕××号　　　　签发人：×××

中国煤炭地质总局
关于××××××的报告

××××：

根据××××要求，我们×××××××××××××××××××××××××。现将有关情况报告如下，请审阅。

××××××××××××××××××××××。

特此报告。

（总局印章）
中国煤炭地质总局
××××年×月×日

—1—

图 1-15　中国煤炭地质总局文件式样（上行文）

中国煤炭地质总局文件

中煤地发〔××××〕××号

中国煤炭地质总局
关于××××××的通知

各直属单位:

根据××××××，现将有关事项通知如下:

×××××××××××××××××××××××××××××，请贯彻执行。

（总局印章）
中国煤炭地质总局
××××年×月×日

—1—

图 1-16　中国煤炭地质总局文件式样（下行文）

2. 中共中国煤炭地质总局委员会文件公文式样

（1）上行文式样（见图1-17）。

中共中国煤炭地质总局委员会文件

中煤地党发〔××××〕××号　　　　签发人：×××

★

中国煤炭地质总局党委
关于××××××××的报告

××××：

××××××××××××××××××××××××××××××××。

特此报告。

（总局党委印章）
中国煤炭地质总局党委
××××年×月×日

—1—

图1-17　中共中国煤炭地质总局委员会文件（上行文）

（2）下行文式样（见图 1-18）。

中共中国煤炭地质总局委员会文件

中煤地党发××〔××××〕××号

★

中国煤炭地质总局党委
关于××××××××的通知

××××：

×××××××××××××××××××××××××
×××××××。

（总局党委印章）
中国煤炭地质总局党委
××××年×月×日

—1—

图 1-18　中共中国煤炭地质总局委员会文件（下行文）

（3）使用说明。

①适用范围：上行文适用于向上级党组织呈报请示、报告（见图 1－16）；下行文适用于传达贯彻党和国家的路线、方针、政策，作出工作部署，印发标准、办法、措施、规章制度等；职务任免；奖惩有关单位及人员等（见图 1－17）。

②发文字号：中煤地党发××〔20××〕×号。

3. 中国煤炭地质总局办公室文件公文式样

（1）公文式样（见图1-19）。

000001

机　密

特　急

中国煤炭地质总局办公室文件

中煤地办发××〔××××〕×号

中国煤炭地质总局
关于印发《××××××》通知

××××：

根据××××××××××××××××××××××××××××××××××××，现将《××××××》印发给你们，请遵照执行。

（总局办公室印章）
办　公　室
××××年×月×日

图1-19　中国煤炭地质总局办公室文件公文式样

（2）使用说明。

①适用范围：向所属单位部署专业性工作；印发领导讲话、会议文件等；转发上级及部门的普发性、周知性文件；批复直属单位专题、事务性请示及咨询事项等；印发有关专业性工作制度及有关事务性文件等。

②发文字号：中煤地办发××〔20××〕××号。

4. 中共中国煤炭地质总局委员会办公室文件公文式样

（1）公文式样（见图 1-20）。

000001

秘密★3 个月

特急

中共中国煤炭地质总局委员会办公室文件

中煤地党办发××〔××××〕×号

中国煤炭地质总局党委
关于××××通知

××××：

××××××××××××××××××××××××××××××××××。

（总局党委办公室印章）
党委办公室
××××年×月×日

图 1-20　中共中国煤炭地质总局委员会办公室文件公文式样

（2）使用说明。

①适用范围：传达党委指示；转发上级党组织部门的普发性、周知性文件；印发党委有关部门工作制度和领导讲话；通知党委有关专题事项等。

②发文字号：中煤地党办发××〔20××〕××号。

5. 中国煤炭地质总局函公文式样

此类公文式样见图1-21。

中国煤炭地质总局

中煤地函〔××××〕××号

中国煤炭地质总局
关于××××××的函

××××：

××。

××。

（总局印章）

中国煤炭地质总局

××××年×月×日

图1-21　中国煤炭地质总局函公文式样

6. 中国煤炭地质总局办公室函公文式样

（1）公文式样（见图 1-22）。

中国煤炭地质总局

中煤地办函〔××××〕××号

中国煤炭地质总局
关于××××××的函

××××：

××××××××××××××××××××××××××
×××××××××××××。

××××××××××××××××××××××××××
×××××××××××××。

（总局办公室印章）
办 公 室
××××年×月×日

图 1-22　中国煤炭地质总局办公室函公文式样

（2）使用说明。

①适用范围：适用于答复上级部门、平级单位或不相隶属单位的咨询事项等；向不相隶属的平级部门洽谈工作、征求意见、沟通事项等。

②发文字号：中煤地函（办函）〔20××〕××号。

7. **中共中国煤炭地质总局委员会函公文式样**

此类公文式样见图 1-23。

中共中国煤炭地质总局委员会

中煤地党函〔××××〕××号

中国煤炭地质总局党委
关于××××××的函

××××：

××××××××××××××××××××××××××××××××××××××。

××××××××××××××××××××××××××××××××××××××。

（总局党委印章）

中国煤炭地质总局党委

××××年×月×日

图 1-23　中共中国煤炭地质总局委员会函公文样式

8. 中共中国煤炭地质总局委员会办公室函公文式样

（1）公文式样（见图 1-24）。

中共中国煤炭地质总局委员会

中煤地党办函〔××××〕××号

中国煤炭地质总局党委
关于××××××的函

××××：

××××××××××××××××××××××××××
×××××××××××。

（总局党委办公室印章）
党委办公室
××××年×月×日

图 1-24　中共中国煤炭地质总局委员会办公室函公文样式

（2）使用说明。

①适用范围：适用于以党委（党委办公室）名义向各单位党委（总支、支部）函复有关请示事项的意见；与地方党委和有关部门商洽工作，征询或答复问题；向有关部门征询对上级党委负责办理事项的意见，答复有关问题等。

②发文字号：中煤地党（办）函〔20××〕×号。

9. 纪要公文式样

（1）公文式样（见图 1-25）。

000002

机　密

特　急

××××纪要

（第××号）

中国煤炭地质总局办公室　　　　××××年×月×日

中国煤炭地质总局关于×××的纪要

×××。

出席：×××、×××、×××、×××。

请假：×××、×××、×××、×××。

列席：×××、×××、×××、×××。

分送：总局党政领导，办公室、资产财务部，存档。

中国煤炭地质总局办公室　　　　××××年×月×日印发

图 1-25　纪要公文式样

（2）使用说明。

适用范围：用于记载党委会议、局长办公会议等会议议定的事项，或需以会议纪要形式加以明确和传达、贯彻落实的事项。

（二）中国煤炭地质总局发文稿纸首页

总局常用的发文稿纸首页式样如表 1-6 所示。

表 1-6　中国煤炭地质总局发文稿纸首页

中国煤炭地质总局发文稿纸	
签发： 签字：　　　　日期：	领导审核： 签字：　　　　日期：
法律审核： 签字：　　　　日期：	主任审核： 签字：　　　　日期：
核稿： 签字：　　　　日期：	法律核稿： 签字：　　　　日期：
处室意见： 主处室： 签字：　　　　日期：	拟稿说明： 签字：　　　　日期：
会稿意见：	
标题：	
主送：	抄送：
本局：	
中煤地　　　　〔　　〕号共印　　份　　封发日期：	
打字：　　　　校对：　　　　复核：	

（三）总局各部门发文标注简称

为便于公文的执行和管理，利于总部各部门及各直属单位请示、汇报、沟通、联系工作，总局对下行公文的发文部门简称进行了统一规范，具体见表1-7。

表1-7 总局下行公文的发文部门简称

序 号	部门名称	部门简称
1	办公室（党委办公室）	办（党办）
2	规划发展部	规划
3	经营部	经营
4	科技地质部（安全环保部）	科技、地质（安全、环保）
5	矿业事业部	矿业
6	海外事业部	海外
7	风险管控部（审计部、法律事务部）	风控（审计、法律）
8	资产财务部	财务
9	人力资源部（党委组织部）	人事（组织）
10	总局纪委综合监督室	纪检
11	总局纪委纪律审查室	纪审
12	企业文化部（党委宣传部、党委统战部、工会）	宣传（统战、群工）
13	党委巡视办公室	巡视

（四）总局直属主要单位规范简称

为了在公文及日常管理工作中规范总局系统各单位称谓，特作如下明确（见表1-8）。

表1-8 总局直属主要单位规范简称

直属单位					
序号	企业名称	企业简称	事业单位全称	事业单位名称简称	规范化简称（正文可用）
1	中化明达控股集团有限公司	中化明达	中化地质矿山总局	中化地质矿山总局	中化局
2	中煤长江地质集团有限公司	中煤长江	中国煤炭地质总局江苏煤炭地质局	江苏煤炭地质局	江苏局
3	中煤浙江地质集团有限公司	中煤浙江	中国煤炭地质总局浙江煤炭地质局	浙江煤炭地质局	浙江局
4	中煤江南建设发展有限公司	中煤江南	中国煤炭地质总局广东煤炭地质局	广东煤炭地质局	广东局

续表

直属单位					
序号	企业名称	企业简称	事业单位全称	事业单位名称简称	规范化简称（正文可用）
5	广西中煤地质有限责任公司	广西公司	中国煤炭地质总局广西煤炭地质局	广西煤炭地质局	广西局
6	中煤湖北地质局集团有限公司	中煤湖北	中国煤炭地质总局湖北煤炭地质局	湖北煤炭地质局	湖北局
7	青海中煤地质工程有限责任公司	青海公司	中国煤炭地质总局青海煤炭地质局	青海煤炭地质局	青海局
8	中煤地第一勘探局有限责任公司	一勘公司	中国煤炭地质总局第一勘探局	第一勘探局	一勘局
9	中煤地水文地质局有限责任公司	水文公司	中国煤炭地质总局水文地质局	水文地质局	水文局
10	中煤航测遥感集团有限公司	煤航集团	中国煤炭地质总局航测遥感局	航测遥感局	航测局
11	中煤地质集团有限公司	地质集团	中国煤炭地质总局特种技术勘探中心	特种技术勘探中心	特勘中心
12	中煤地第二勘探局集团有限责任公司	二勘公司	中国煤炭地质总局第二勘探局	第二勘探局	二勘局
13	北京中煤地地球物理勘探研究院有限责任公司	物探公司	中国煤炭地质总局地球物理勘探研究院	物探研究院	物探院
14			中国煤炭地质总局勘查研究总院	勘查研究总院	勘研总院
15	中煤建工集团有限公司	中煤建工	中国煤炭地质总局建设工程培训中心	建设工程培训中心	建培中心
16	中煤矿业集团有限公司	中煤矿业			
17	中能化发展建设集团有限公司	中能化建设			
18	中煤国地控股有限公司	中煤国地			
19	中能化江苏地质矿产设计研究院有限公司	中能化地研	江苏地质矿产设计研究院	江苏地研院	江苏院
20	中能化创新投资管理有限公司	中能化创投			
21	中煤国际投资有限公司	中煤国际			
22			中煤地质报社	中煤地质报社	报社
23			中国煤炭地质总局机关服务中心	机关服务中心	服务中心

续表

直属单位					
序号	企业名称	企业简称	事业单位全称	事业单位名称简称	规范化简称（正文可用）
24			中能化信息与发展战略研究中心	中能化研究中心	研究中心
25			中国煤炭地质总局党校		党校

（五）拟制公文常用词语

1. 公文常用词语类型及举例

在公文拟制中，经常用到的词语有很多，且都有其使用目的及特定用法，现将其列表如下（见表1-9）。

表1-9　公文常用词语类型及举例

序号	词语类型	作用	常用词语
1	领叙词	表示行文目的、原因、根据、时态、范围和背景	为、为了，本着，据、根据、依据、遵照、按照，关于，近查、据查，欣悉、电悉，兹、兹定于，鉴于、随着、由于等
2	称谓词	表示人称或对单位的称呼	第一人称：我、本，我们、我单位、本单位等 第二人称：你、贵，你单位、贵单位等 第三人称：他、该，该单位、该同志、×××同志等
3	期请词	表示期望请求	请、请予，拟请、恳请、敬请、特请，报请、提请，务请、即请，希、望、希望，切盼、以……为盼等
4	询问词	表示征询对方意见和态度	当否、妥否、可否，是否得当、如无不妥、如无不当、有何意见等
5	见解词	表示对事物的认识、态度和主张	应、理应、本应，同意、可行、不可行，应将、应予，必须、须要、务须、均须、亦须，准予、特予，照此执行、参照执行等 原则同意、原则批准，拟同意，缓议、宜……酌情处理，以……为要、以……为宜，供参考等
6	承转词	表示从对具体情况叙述转为对作者主张的概括和阐述	为此、据此、对此、故此、因此、由此可见、鉴此，总之、综上所述等
7	祈使词	表示命令语气	责令、责成、敦促，务须、切实、切勿，不得、严禁、毋违、不得有误等
8	时态词	表示时间状态和时间要求	兹、已、已经，届时，拟于，将要、即将、即行，暂时，曾经，正在，时常、一向、一直，按期、定期、如期、先期、逾期，亟待，报经、业经、并经等

续表

序号	词语类型	作用	常用词语
9	办理词	表示办理过程或办理要求	报、呈、呈报、呈请、径报、申报、报请、提请，报送、径送、送达，查收、查对、查询、查复，备查、备案，草拟、签订、签注，制定、制订，核准、核定、核拨、核销，核发、审核、审议、审定、审发，颁布、颁发、公布、发布、印发，下达、批示、批复、批准、批转、转发，自行、另行、酌情等
10	结尾词	表示正文结束	上行：妥否、当否，请批示，请指示，请予批复，请予审批，如无不妥，请批转……执行，特此报告等 下行：特予通告，特此通知，特此批复，请遵照执行，请贯彻执行，请参照办理等 平行：特此函告，特此函达，特此函复，请予支持、请协助办理，为盼、为荷等

2. 公文常用词语使用辨析（按汉语拼音顺序排列）

A

按照——依照——遵照

“按照”强调以某种事理为根据，使用范围较宽，经常用于路线、方针、政策、指示、制度、规定、计划、精神、情况、方法、规律等。

“依照”重点是照办，强调的是严格地以某种事物为标准。

“遵照”有“遵奉，依照”之意，多用在庄重的场合。

B

拜见——拜会

“拜见”一般用于访问长辈、有威望者或上级等，表示郑重其事。

“拜会”一般用于外交场合和礼节性的社交场合，表达尊重、客气的态度。

榜样——模范——典范——楷模

“榜样”指有示范作用的人、组织或事物。既可以用在好的方面，也可以用在差的方面。

“模范”着重于人或单位的先进性或作为人物代称，仅用在好的方面。

“典范”强调非常卓越，含有成为标准、很有代表性、成为大家所仿效的事物或人物。

“楷模”强调成为一种正式而优良的样式，值得学习和仿效，一般只用于人。

包含——包括

“包含”所指的对象一般比较抽象，强调内里含有，且是相互关联的各个方面，如道理、意义、内容等。

“包括”所指的对象一般比较具体，强调总括在内，但往往是相互独立的各个部分。

保障——保证

“保障”着重表示维护、使不受侵犯或损害，其对象多是已经存在的事物，一般指生命、财产、权利、国家和人民的利益、安全等重大而抽象的事物，范围比较窄。

“保证”着重表示确保做到、负责完成，其对象多是将要做的工作、计划、行动等，范围比较宽。

暴露——揭露

“暴露”指隐蔽的事物、缺陷、矛盾、问题等自行显露。

“揭露”指由于别人的揭发而显露出来，一般用于违背传统道德和社会规范的抽象事物，不用于自身。

必须——必需

“必须”表示事理上和情理上的强制性需要，一定要。

“必需”表示事物的特别需要，一定要有，不可缺少。

遍及——普及

“遍及”着重于客观上已经广泛全面地达到或影响到，在某个范围内处处都存在。

“普及”着重于主动把事物广泛地传播或推广开来，或使其大众化。

辩——辨

“辩”表示争论，说明是非、真假。

“辨”表示区别、分析。

辨别——识别

“辨别”着重于在认识上对两种或两种以上不同的对象加以分辨，将容易混淆的区分开。

“识别”着重于在诸多对象中通过辨认各自的特点、标志加以判别，确定其所属类别，将某一对象与其他对象区别开来。

标明——表明

“标明”着重于用文字、符号、图表等明确地标注出来，使人一目了然，多用于具体事物，如日期、地点、价钱、名称、身份等。

“表明”着重于通过语言、文字、表情、行动等清楚地表示出来，多用于抽象事物，如态度、决心、心意、观点、看法等。

布置——部署

“布置”指对一些活动作出比较具体的安排。适用于一般场合。

“部署”指安排、布置，一般用于涉及全局的、比较重大的、涉及面较广和时间较长的工作。多用于庄重的场合。

C

采用——采取——采纳

“采用”重点在于取用，拿过来用，可用于具体事物，也可用于抽象事物。

“采取”指针对有关情况思考权衡后决定采用，适用于抽象事物，如意见、措施、原则、立场等。

“采纳”是一种对来自外部的意见或建议等的接受，适用于意见、建议、要求、主张等。

才干——才能

“才干”着重指办事能力。

“才能”着重指运用知识进行创造性活动的技能和本领。

裁决——判决

“裁决”是依据某种规则进行考虑以后作出的决定。

“判决”是法院作出的决定，不能用在其他方面。

策划——谋划——筹划

“策划”强调出主意，提方案。

“谋划”强调思谋考虑，想办法。

“筹划”强调定计划并考虑或研究有关准备的事项。

差别——差异

“差别”强调相差的地方，既可用于实质方面的不同，又可用于表面现象上的不同。

“差异”强调两者之间的不同，主要用于实质上的不同。

查访——察访

“查访”强调做调查、听取情况，多用于对案件的调查或对特定事件的了解。

“察访”强调观察或考察，多用于对政情或民情的了解。

常年——长年

“常年”指历年，长期。

“长年”指整年，一年到头。

成绩——成就

“成绩”一般指工作、学习、体育运动等方面的收获、效果。

“成就”用于有较大社会意义的事情，一般指大的成功和显著的成绩。

持续——继续

“持续”表示动作连续不断，中间没有间隙。

“继续”表示时间上前后相连，中间可以有间隙，也可以不间断，时间上一般指从现在到将来。

次序——秩序

“次序”指事物在空间或时间上排列的先后。

“秩序”强调有条理、不混乱。

D

订——定

“订”多指事先经过双方商讨而立下协议，并非确定不变的。

“定”侧重在已经确定，不轻易变动。

洞察——洞悉

“洞察”指观察得很清楚，侧重观察、了解事物的有关现象并记录下来。

“洞悉”指很清楚地知道，能捕捉到事物的本质。

渡——度

“渡”侧重指由这一岸到那一岸，载运人或物通过江河、渡口。常与江河湖海或困难、危机、难关等词语搭配。

“度”多指时间上的度过，表示经历了一段时间，常与时代、季节、光阴、岁月之类的词语搭配。

断定——判断

“断定”强调确定现象、情况、问题的是非或确定有无某种属性。

“判断”强调对于是与非或属性存在与否作出分辨与选择。

E

遏制——遏止

“遏制”强调用强制手段控制住。

“遏止”强调阻挡住，使停止。

F

法制——法治

“法制”是指国家的法律制度，是实行专政的工具。

“法治”是指根据法律治理国家。

反映——反应

“反映”侧重强调把意见、情况向上级单位或有关部门报告，主动性强一些。

“反应”侧重强调由外界刺激所引起的相应活动，或事件所引起的意见、态度或行动，被动成分浓一些。

妨——防

“妨”是指妨碍、妨害。

“防”是指防止。

仿照——仿造

“仿照”是指模仿、参照。

“仿造”是指照样子制造。

分——份

“分”是指将整体事物分解成几部分，或使联系在一起的事物分开。

“份”表示整体的一部分，一般常用在“省”或“年”“月”后面，表示划分的单位。

肤浅——浮浅

“肤浅”是指（学识）浅薄，（理解）不深刻。

“浮浅”是指认识浮在表面，缺乏深度，贬义性比“肤浅”重。

G

改进——改善

“改进”强调在原来的基础上适当更改，使有所进步。

“改善”强调改变原有的状况，并达到较好的水平。

改正——纠正

“改正”着重在“改”，把原来的错误按正确的要求加以改变，多用于改正自身方面的不正确之处，对象可具体也可抽象。

“纠正”着重在“纠”，从他人的角度，指出偏离正确要求的情况或行为，并通过外在力量更正，一般用于强调改正他人不正确之处，对象比较抽象。

感觉——认为

“感觉”强调亲身感受，不是亲自接触或经历的事一般不用。

“认为”一般是表示看法，多用于比较正式的场合，常用在下结论时。

格式——体例

“格式”指一定的规格式样。

“体例”指著作的编写格式、文章的组织形式。

公布——颁布

“公布”既可以是政府机关的法律、命令、公告等重大事件的发布，也可以是机关团体通知的一般事项的发布，使用范围比较宽泛，内容涉及面也相对较广，强调的侧重点在“使大家都知道”。

“颁布”，主要是指机关的重要政策、决定等自上而下地发布。

工夫——功夫

“工夫”多指时间或精力。

“功夫”多指本领、造诣。

公正——公证

“公正”是指公平正直。

“公证”是指由国家依法授权的机关对有关民事权利义务关系所做出的有法律效力的证明。

H

函复——复函

“函复”是动词，指用“函”的形式答复对方。

“复函”是名词，指用来答复对方询问或商洽公务的“函”。

合计——核计

“合计”是指总计、共计。

“核计”是指计算并核对结果，也可指自己在盘算或与人商量。

后果——结果

“后果”一般指不好的、有害的结果，多为贬义。

“结果”指一定阶段事物发展变化的最后状态，是中性词。

会见——接见

“会见”用于正式场合，多用于外交场合，可以是上对下，更常用于平等相见。

“接见”用于正式场合，一般只用于上对下。

J

籍——藉

“籍”指书籍、籍贯。

“藉”是指凭借、依靠，可简化为“借”，但“杯盘狼藉”不能写作“杯盘狼借”。

急待——亟待

“急待”是紧急待办，强调时间的紧迫性。

“亟待”是急迫地待办，强调意义重要性。另外，还包含问题的严重性已达到极点，否则不宜用“亟待”一词。

既——即

“既”是指已经。

“即”是指就、即刻。

记录——纪录

“记录”指把听到的话或看到的事写下来，也指记录下来的材料。

“纪录”指在一定时期、一定范围内记载下来的事件或极限。

简洁——简捷

“简洁”着重于简明扼要，干净利索，没有多余的东西，多形容说话、行文、画面等。

“简捷”着重于直截了当，简便快捷，不拐弯抹角，多形容说话、行文，还可形容某种行为方式或操作过程。

检察——监察

“检察”指审查被检举的犯罪事实。

“监察”指监督各级国家工作人员的工作，并检举违法失职的机关或工作人员。

接待——招待

“接待”侧重于对人的一般迎接和安排，其对象可以是客人，也可以是其他人，适用范围较广。

“招待”侧重于盛情款待客人或安排好客人的生活，形式上比较隆重，其对象多是客人，适用范围比较窄。

截至——截止

“截至”是指截止到某个时点，强调的是该时点上的事态，并不意味着终止和结束。

“截止”是指到一定期限为止或停止，强调终止和结束，即在某一时点上，所进行的事情已经完结。

界限——界线

“界限”强调作为不同事物范围据以划分开的东西，多用于抽象意义，少用于具体意义。

“界线”强调成为不同事物相互邻接而又能明显区分开之处；多用于具体意义，少用于抽象意义。

精致——精制

“精致”是指精巧细致。

“精制”是指精工制造。

竟——竞

“竟”是指完毕、从头到尾、终于、出乎意料。

“竞”是指竞争、竞赛。

聚集——聚积

“聚集”是指由分散状态集合到一起。

“聚积”是指一点一滴地累积。

俱——具

“俱”是指全、都。

“具”是指工具、具体、具备。

决不——绝不

“决不”是指决心不，强调的是意志上的控制。

“绝不”是指绝对不，强调的是没有任何条件限制。

K

考查——考察

“考查”是指用一定的标准来检查衡量对象的行为、活动，其对象主要是人。

“考察”是指实地观察，调查。

L

类同——雷同

“类同”形容事物或情况大致相近。

“雷同”用于强调不应相同而相同的情况。

俩——两

“俩”是数量“2”的意思，本身已包含量词“个”，可以用在人称代词或表示人的名词后，不能用在物质名词后。

“两”亦是数量“2”的意思，一般用在数量词前，如“两条河”“两杯水”。

谅解——原谅

“谅解”多用于在书面语中，侧重于双方的互相体谅，表示求同存异，取得一致，语气比较缓和。

“原谅”指一方对另一方的错误或困难给予宽恕，不予责备，多用在口语中，如用否定语气则表示程度很严重。

论述——阐述

“论述”表示分析说明和叙述，侧重于作有条理的分析。

“阐述”侧重于作解释、说明。

M

目标——目的

“目标”指希望达到的目的或标准，也可指打击或寻求的对象。

“目的”指某一具体的意图，还可以表示要达到的地点，如“目的港”“目的地”。

P

凭借——依靠——依赖

“凭借”和“依靠”是指靠别人或客观条件来达到目的，这种依靠有时是必然也是必须的，同时还可以靠自己的主观能动性。

“依靠”可用于书面或口语中，“凭借”多用于书面语中。

“依赖”指只是依靠别人，放弃自己的努力，有贬义，但在表示互相依存时没有贬义。

Q

其间——期间

“其间”表示空间或某一段时间。

“期间”一般只表示时间，指某个时段，

启事——启示——启发

“启事”指为了公开声明或办理某事而刊登在报刊上或张贴出来的一种应用文体。

“启示”强调给予提示或暗示。

“启发”强调使人联想、深省，不直接给出结论或答案，而让对方自己作出结论。

启用——起用

“启用”指开始使用，一般专用于机关印信。

“起用”指重新任用（已退职或免职的人员）。任用新人不能用“起用”。

权力——权利

“权力”指政治上的强制力量或职责范围内的支配力量。

“权利”指依法应享有的权力和利益。

R

融化——熔化

“融化”着重于冰、雪、霜等受热变成液体，还比喻融入某种环境或氛围。

“熔化”着重于用高温使固体受热变成液体，还比喻在温暖的环境、热情的氛围中受感化、起变化。

S

审定——审订

“审定”强调审查决定。

“审订”强调审阅修订。

审核——审批

“审核”指审查核定。

“审批”指审查批示。

T

停止——停滞

“停止”是指停住不动，不再进行。

“停滞”指受到阻碍，不能顺利地运动或发展，或速度极慢。

推辞——谢绝——拒绝

“推辞”表示不接受、不同意，是礼貌、婉转的回绝，其对象一般指任命、邀请。

“谢绝”表示对别人好意的回避；也可作为标识用语，如“谢绝进入”等固定表达。

“拒绝”表示不接受、不同意的态度强硬和坚决，没有商量的余地。

W

违反——违犯

“违反”指不符合、不遵守。

“违犯”指违背、触犯。

X

吸取——汲取

“吸取”强调采取、吸收，常用于经验、教训、成果、精华等。

“汲取”强调吸取、取得，一般用于养分、力量、知识、词语等。

形式——形势

“形式”指事物的形状、结构等。

“形势”指地势或在一定时间内各种情形的相对状况。

须——需

“须”是指必要、应该，如无须、须要。

“需”是指对事物的欲望和要求，如必需品、需要。

学历——学力

“学历”指学习的经历，如曾在哪些学校毕业或肄业。

“学力”指学问上达到的程度。

Y

压制——抑制

“压制”指竭力限制或制止，其对象一般是外在的。

“抑制”指控制、压下去，着重强调克制自己的思想感情。

以至——以致

“以至”是指事物扩展、延伸或发展到一定程度产生的效果，强调程度的升级。

“以致”是指事态发展形成的结果，强调原因导致的后果。

盈利——赢利——营利

“盈利”作为动词是指获得利润，作为名词是指获得的利润。“盈”有“多出来”的意思。

“赢利”同“盈利”。“赢”有“获利”的意思。

“营利”是动词，指谋求利润，表达了通过一定方式去获取利润的主观意图。

援助——资助——赞助

“援助”大多是国家、集体的行为，指具体的物质和资金上的帮助。

“资助”既可以是集体行为也可以是个人行为，是财力上的帮助。

“赞助”多为企业行为，是为了帮助某项活动的展开而付出物质钱财上的帮助。

Z

增长——增加

“增长”是指增加、提高，一般为相对数，表示在原有的基础上增多了多少。

“增加”是指在原有的基础上加多，一般为绝对数，表示由原来的多少到现在的多少。

帐——账

“帐”是用布、纱或绸子等做成的遮蔽用的东西，如帐篷、青纱帐。

“账”是关于货币、货物出入的记载，指账簿、债，“账”字使用一般均与钱财等有关。

制订——制定

“制订”强调订立，侧重于创制拟定的行为过程。

“制定”强调定出，含有“确定下来，成为定案”的意味。

周密——严密——缜密

“周密”着重点在于“周”，强调周到、完备、不疏漏，多用于思维、制订和实施计划等。

“严密”的着重点在于“严”，强调严实，多用于军事防范、文章结构、组织系统等。

“缜密”强调细致精密、严谨周密，多用于计划、策划、研究、分析和思想。

逐步——逐渐

“逐步”指一步一步地、缓慢地变化，一般仅指人为的变化。

“逐渐”指渐渐地，可以表示自然的变化，也可指人的心理、行为的变化。

资本——资金

“资本”是指生产经营中用来牟取利润的生产资料和货币，数量较大，有时还指条件。

“资金”指发展各项事业的经费或货币，数量可大可小，也比较具体。

作——做

“作”有从事、制作、充当的含义，涉及的事情一般较抽象。

“做”指从事某种工作或活动，强调干一些具体的事。

3. 公文常用易错字词辨析（按汉语拼音顺序排列）

在公文拟制中，也会有一些字词较易引起混淆，应严加注意。现将其列表如下（见表1-10）。

表1-10　公文常用易错字词辨析

A	
按步就班	应为按部就班
案语 *	应为按语
B	
百废具兴 *	应为百废俱兴
辈份 *	应为辈分
本份 *	应为本分
笔划 *	应为笔画
变本加利	应为变本加厉
辩别	应为辨别
不径而走	应为不胫而走
布署	应为部署
不容质疑	应为不容置疑
不殉私情	应为不徇私情
C	
搀假 *	应为掺假
成份 *	应为成分
惩前毙后	应为惩前毖后
怵目惊心	应为触目惊心

续表

D	
搭当 *	应为搭档
待价而估	应为待价而沽
耽忧 *	应为担忧
耽心 *	应为担心
掉换	应为调换
定货 *	应为订货
定阅 *	应为订阅
赌搏	应为赌博
锻练	应为锻炼
断章取意	应为断章取义
E	
耳儒目染	应为耳濡目染
F	
法码	应为砝码
发人深醒 *	应为发人深省
防碍	应为妨碍
分付 *	应为吩咐
份量 *	应为分量
份内 *	应为分内
份外 *	应为分外
丰富多采 *	应为丰富多彩
赋于	应为赋予
扶养	应为抚养
复辙 *	应为覆辙
付主任	应为副主任
G	
告戒 *	应为告诫
各行其事	应为各行其是
恭惟 *	应为恭维
勾划 *	应为勾画
关怀倍至	应为关怀备至
关连 *	应为关联
光采 *	应为光彩
规距	应为规矩
过份 *	应为过分

续表

H	
涵蓄＊	应为含蓄
好高鹜远	应为好高骛远
喝采＊	应为喝彩
哄动＊	应为轰动
宏扬＊	应为弘扬
欢渡国庆	应为欢度国庆
换然一新	应为焕然一新
晖映＊	应为辉映
J	
机伶＊	应为机灵
技俩	应为伎俩
积思广益	应为集思广益
既往不纠（究）	应为既往不咎
寄与＊	应为寄予
佳宾＊	应为嘉宾
检查院	应为检察院
简炼＊	应为简练
矫往过正	应为矫枉过正
戒鉴	应为借鉴
戒骄戒燥	应为戒骄戒躁
精采＊	应为精彩
竞竞业业	应为兢兢业业
K	
开源截流	应为开源节流
刻划＊	应为刻画
L	
兰球	应为篮球
历行节约	应为厉行节约
联贯＊	应为连贯
联接＊	应为连接
连结＊	应为联结
良秀不齐	应为良莠不齐
录象＊、录相	应为录像
M	
面面具到	应为面面俱到
名列前矛	应为名列前茅
莫不关心	应为漠不关心
摹仿＊	应为模仿
摸糊不清	应为模糊不清
摹拟＊	应为模拟
磨拳擦掌＊	应为摩拳擦掌
谋画＊	应为谋划

续表

N	
年令	应为年龄
凝炼 *	应为凝练
宁缺勿滥	应为宁缺毋滥
O	
沤心沥血	应为呕心沥血
P	
傍徨	应为彷徨
迫不急待	应为迫不及待
迫在眉捷	应为迫在眉睫
平空 *	应为凭空
Q	
恰如其分	应为恰如其份
牵联 *	应为牵连
前仆后继	应为前赴后继
遣责	应为谴责
情不自尽	应为情不自禁
劝戒 *	应为劝诫
R	
人材 *	应为人才
融汇贯通	应为融会贯通
如法泡制	应为如法炮制
S	
色采 *	应为色彩
奢糜 *	应为奢靡
神彩 *	应为神采
师付	应为师傅
实是求事	应为实事求是
史无前列	应为史无前例
始终不逾	应为始终不渝
死心踏地 *	应为死心塌地
孰视无睹	应为熟视无睹
T	
塌实 *	应为踏实
题纲	应为提纲
挺而走险 *	应为铤而走险
通货膨涨	应为通货膨胀
图象 *	应为图像
推委 *	应为推诿
退色	应为褪色

续表

W	
委屈求全	应为委曲求全
无动于中 *	应为无动于衷
无所是从	应为无所适从
X	
洗炼 *	应为洗练
贤慧 *	应为贤惠
想像	应为想象
销脏灭迹	应为销赃灭迹
小题大作 *	应为小题大做
叙言 *	应为序言
消弱	应为削弱
殉私舞弊	应为徇私舞弊
循序渐近	应为循序渐进
训炼	应为训练
Y	
言简意骇	应为言简意赅
严竣	应为严峻
演译归纳	应为演绎归纳
一切就序	应为一切就绪
一如即往	应为一如既往
衣著 *	应为衣着
义不容词	应为义不容辞
义无返顾 *	应为义无反顾
赢余 *	应为盈余
原故 *	应为缘故
原由 *	应为缘由
运筹帷握	应为运筹帷幄
Z	
再接再励	应为再接再厉
责无旁代	应为责无旁贷
暂露头角	应为崭露头角
掌握权利	应为掌握权力
帐本 *	应为账本
真知卓见	应为真知灼见
争辨	应为争辩
直接了当 *	应为直截了当
指手划脚 *	应为指手画脚
装璜 *	应为装潢
追任	应为追认
尊循	应为遵循

注：上述字词带“*”者，系教育部、国家语言文字工作委员会2002年3月31日发布的《第一批异形词整理表（试行）》中提出的不推荐使用的字词和固定短语。

（六）文件修改符号及用法

在公文流转中，如需对公文内容进行修改，应使用规范的修改符号。现将其列表如下（见表 1-11）。

表 1-11　文件修改符号及用法

编号	符号形态	符号作用	符号在文中和页边用法示例	说　明
一、字符的改动				
1	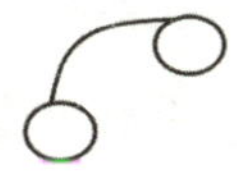	改正	增加树量　数	改正的字符较多，圈起来有困难时，可用线在页边画清改正的范围；必须更换的损、坏、污字也用改正符号画出
2	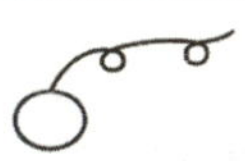	删除	提高质量质量	
3		增补	要做好校工作　对	增补的字符较多，圈起来有困难时，可用线在页边画清增补的范围
4	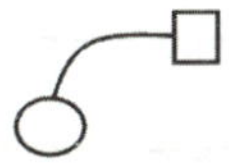	改正上下角	4=22　2 0.25+0.25=0.5　.	
二、字符方向位置的移动				
5		转正	字符颠倒要转正	
6	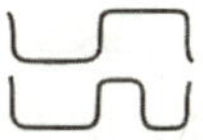	对调	认真经验总结 认真验结经总	用于相邻的字词 用于隔开的字词
7		接排	要重视校对工作， 提高出版物质量。	
8		另起段	企业文化建设。明年	
9		转移	校对工作，提高出 版物质量要重视 "。以上引用均见《 列宁全集》。 编者　年　月 …… 各煤炭地质局：	用于行间附近的转移 用于相邻行首末衔接字符的推移 用于相邻页首末衔接行段的推移

续表

编号	符号形态	符号作用	符号在文中和页边用法示例	说　明
10	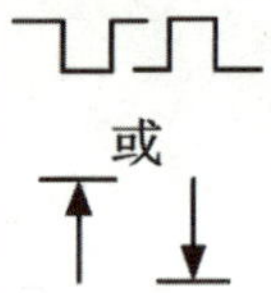	上下移	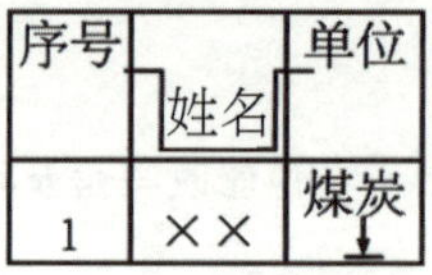	字符上移到缺口左右水平线处 字符下移到箭头所指的短线处
11	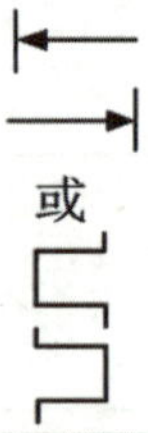	左右移	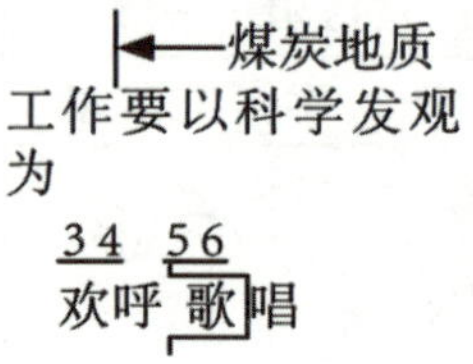	字符左移到箭头所指的短线处 字符左移到缺口上下垂直线处 符号画得太小时，要在页边重标
12		排齐	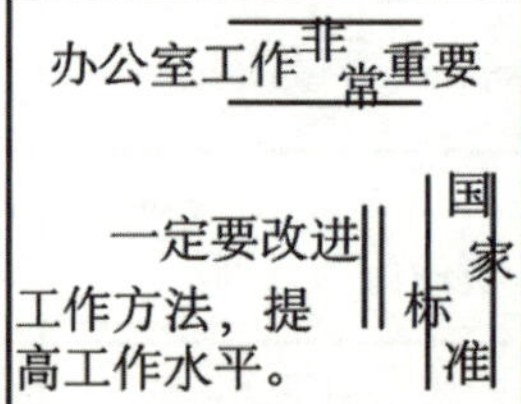	
三、字符间空距的改动				
13		加大空距	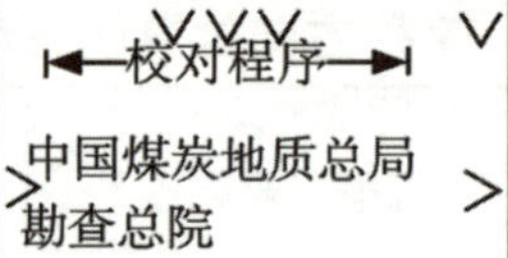	表示在一定范围内适当加大空距 横式文字画在字头和行头之间
14		减小空距	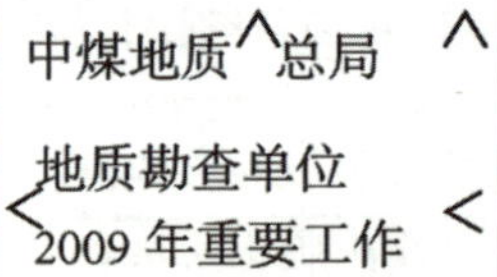	表示不空或在一定范围内适当减小空距 横式文字画在字头和行头之间
15		空 1 字距 空 1/2 字距 空 1/3 字距 空 1/4 字距		多个空距相同的，可用引线连出，只标示一个符号

续表

编号	符号形态	符号作用	符号在文中和页边用法示例	说 明
16	Y	分开	SeeYyou later	常用于英文
其 他				
17	△	保留	认真做好办公室工作（“办”字圈起，下画△，上画两竖线）	除在原删除的字符下面画△外，还要在原删除符号上面画两竖线
18	○═	代替	科学发展观学习时间小组提交的关于学习时间的总结报告 ○═实践	同页内有两个或多个相同的字符需要改正的，可用符号代替，并在页边注明
19	○○○○	说明	改小标宋体 ○○○○○ 第一章公文篇	说明或指令性文字不要圈起来，在其字下画圈，表示不作为改正的文字。如说明文字较多时，可在首末各三字下画圈。

注：(1) 校对校样，必须用黑水笔书写校对符号和示意改正的字符，不能用铅笔书写。

(2) 校样上改正的字符要写清楚。校改外文，要用印刷体。

(3) 校样中的校对引线要从行间画出。墨色相同的校对引线不可交叉。

会议篇

"办会"，
方方面面都要考虑，
力保零差错、零失误，
不马虎

一、综合类会议会务工作流程及注意事项

综合类会议的会务流程可分为 3 个阶段，分别是会前准备阶段、会中组织阶段和会后总结落实阶段，其中每一个阶段又可分为若干流程（见图 2-1）。要想成功办好一场会议，必须认真仔细对待每个阶段、每个流程，方不致出现疏漏。

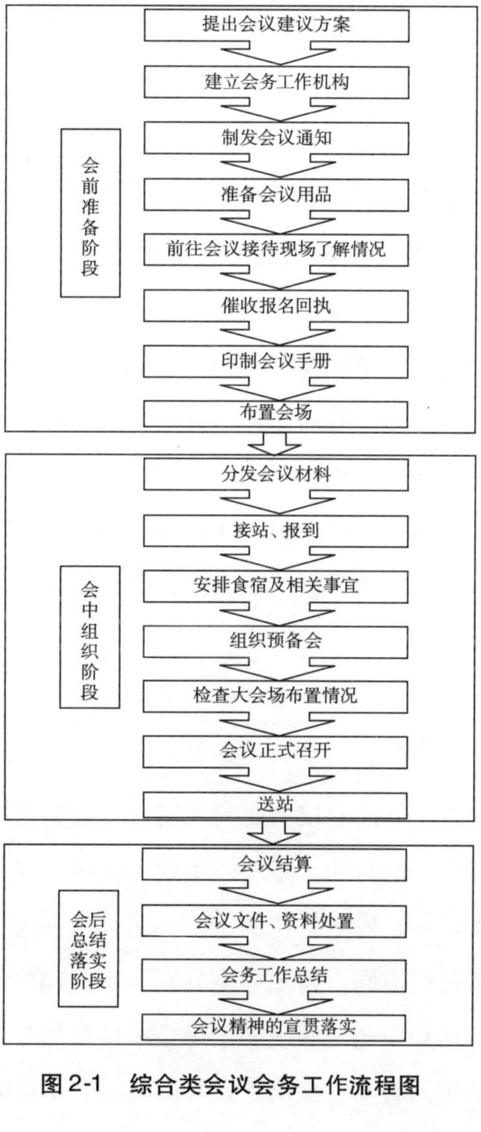

图 2-1　综合类会议会务工作流程图

（一）会前准备阶段注意事项

1. 提出会议建议机构

大型的综合类会议召开前，办公室要先研究提出会议的建议方案并上报领导批准，然后进入会议的筹备阶段。会议建议方案一般包括以下内容：

（1）会议名称、时间、地点。

（2）出席人员范围、会议规模（代表人数）。

（3）会议主要内容及日程安排。

（4）会议预算。

（5）会议组织及工作机构。

（6）其他需要说明的事项。

2. 建立会务工作系统

综合类会议会务工作机构设立秘书长和以下具体会务工作机构，其名称和分工如下：

（1）秘书组。主要负责会议文件的准备、起草、印发、清退、立卷归档工作。

（2）会务组。主要负责会议的接站、报到、签到、票务、食宿、参观考察、文娱活动、车辆调度、会场安排与布置、设备保障、用品发放与管理、经费使用等方面的工作。

（3）宣传组。主要负责会议的对外宣传工作，包括制定宣传计划并组织实施，组织、安排、协调记者的采访活动，统一向媒体提供会议的新闻稿，承办新闻发布会或记者招待会，负责会议音像资料的录制和管理工作等。

3. 制发会议通知

（1）会议通知的内容。

①会议名称。

②会议主办者。联合主办的会议，要写明所有主办者名称。

③会议内容。包括会议的目的、意义、主题、议题、议程安排等。

④参加对象。如果通知是发给单位的，应当说明参加会议人员的具体要求，如职务、级别等。与会者资格不同，通知中应分别注明“出席”“列席”等。有时候，为了控制会议的规模，通知中还应明确规定每个单位参加会议的人数。

⑤会议时间。包括报到时间、会议正式开始时间和结束时间等。

⑥会议地点。应具体写明会场所在地名、路名、门牌号码、楼号、房间号码、会场名称等，必要时还要注明行车路线。

⑦其他事项。比如需要着正装出席会议等事项。有时候，还要交代清楚参加会议的费用、报名方式和截止日期、有关会议材料撰写和提交要求、入场凭证以及组织者认为必须说明的其他事项。

⑧联络信息。如主办单位地址、邮编、电话和传真号码及会议联系人姓名、联系方式等。

⑨报名回执。

（2）会议通知的书面格式。

①文件式。面向各单位正式会议代表的通知一般采用文件式，即用正式文件的格式标印会议通知，并通过正式文件的传递渠道发送（见模板 2-1）。其要素如下：

——标题。

——主送机关。

——正文。可按通知内容分成若干层次和段落：开头部分写明会议召开背景和目的；主体部分写明会议通知的具体内容；结尾处写明联系信息和联络方式。

——发文机关。联合主办的会议，每个主办单位都要写上，并加盖公章。

——成文日期。

②书信式。针对特邀代表或专家，邀请其参会时，一般采用书信式通知（即邀请函）发出邀请。其结构要素如下：

——标题。书信格式的邀请信多以“邀请函”作为文种，标题由会议名称直接加“邀请函”组成。

——称呼。邀请信发到单位的，写单位名称；邀请信直接发给会议对象个人的，应当写个人姓名，前冠“尊敬的”作为敬语词，后缀“先生”“女士”“同志”等。

——正文。即会议的具体内容，同文件式通知。

——落款。

——成文日期。

（3）向各单位印发正式会议通知，向特邀代表发出邀请函。

模版 2-1　会议通知

通　知

××××××：

为了×××××，根据××××××，经研究，定于××月××日召开×××××会议。现将有关事项通知如下：

一、会议时间

二、会议地点

三、会议内容

四、参加人员

五、其他有关事项

联系人：

电　话：

传　真：

附件：×××××会议报名回执

×××××

××××年×月×日

4. 准备会议用品

（1）交通工具。如轿车、大巴等接送与会者的车辆。

（2）制作席卡，印制会务工作标识。

（3）制作会议证件（会议代表及工作人员胸牌等）。

（4）准备会议常用文具，如笔、笔记本、相关簿册以及资料袋等。

（5）专门用品。即会议专用的物品，比如颁奖会的奖品和证书，选举会的选票、投票箱，开幕时要用的彩球和剪刀等；此外还应落实打印机、复印机等设备。

（6）准备会场相关用品。

①装饰用品。如花卉、旗帜、会标、会徽、标语口号等。

②视听器材。如扩音机、幻灯机、投影仪、黑（白）板、摄像机、录音机、移动存储设备、同声传译系统等。

（7）准备会议宣传品等。

（8）准备会议文件，收集并联系印制会议交流材料等（见模板 2-2）。

模板 2-2　会议交流材料

［2018. 7］ 中国煤炭地质总局

经济运行分析会议交流材料（左上角，4 号 GB_2312 楷体）

关于×××的材料（文章题目，2 号宋体加黑）

中煤×××公司（单位，3 号 GB_2312 楷体）

2018 年 7 月 24 日（日期，3 号 GB_2312 楷体）

××（正文内容，3 号字 GB_2312 仿宋）

一、××××××××××（正文内一级标题，3 号宋体加黑）

（一）××××××××××（正文内二级标题，小 3 号宋体加黑）

1. ××。（正文内三级标题，3 号 GB_2312 楷体）

……

注：撰写会议交流材料，应用 Word 排版，页面设置为 22 行×28 字（不含页码）；打印会议交流材料应用 A4 纸，并用骑马针装订。

5. 前往会议接待现场了解情况

该环节工作是为了解会场大致情况，为开好会议打下基础。该项工作要与准备会议用品等同时进行，由负责前方接待及会场的工作人员完成。具体工作内容：

（1）了解用餐、用房及大小会场情况，确定用餐标准。

（2）安排进入会场的道路标识及各类会标；联系大会集体合影等事宜。

6. 催收参会回执

催收参会人员报名回执是了解参会情况的重要途径，也是编制会议手册的基础性工作，需要按时认真完成。

7. 印制会议手册

在完成上述工作、确定会议相关事项、明确参会人员的基础上，完成会议手册的印制工作，并在会议开始前和会议文件一起发至参会代表手中。在这一环节，要特别注意以下几个事项：

（1）确认是否邀请上级领导出席。

（2）落实机关部门参会代表。

（3）确定会议组织机构（编制工作人员通讯录）。

（4）确定分组原则及各组召集人、联络员。

（5）根据会场情况编制“会场座次图”。

（6）用原始回执核对代表名单、分组表和“会场座次图”。

8. 布置会场

在严格遵守中央八项规定精神、从俭布置会场的前提下，日常工作会议的会场布置形式多为圆形、椭圆形、长方形、正方形、一字形、T 形、马蹄形；座谈会、讨论会的会场多布置为半圆形、马蹄形、六角形、八角形、回字形；中型会议的会场多布置为而字形、扇面形；大型茶话会、团拜会的会场多布置为星点式。

9. 摆放会场指示标志

（1）席卡。也称为名签、座签，通常两面书写姓名。

（2）指示牌。为方便与会者寻找座位，要在会场门口和场内悬挂或放置指示牌，表明该会场的次序和各座区的方向和方位。

（3）座次图。即标明全场或主席台的座位分布及具体座次的图表，以便每位与会者心中有数。座次图一般作为会议手册的一项内容提前告知与会者。如果会场临时有变化，则需在会前将变更后的座次图发到与会者手中。

（二）会中组织阶段注意事项

1. 分发会议材料

会务工作人员要将会议手册、笔、笔记本、出席证、会议交流材料等相关资料装入会议资料袋，并给前台、门卫等相关接待部门分送会议手册。

2. 接站、报到

安排好接站和引导工作，帮助参会人员顺利到达开会地点，并完成会议报到和入住。其注意事项有：

（1）在必要的情况下安排好接站车辆。

（2）准备好签到用品，安排专人负责签到。

（3）统一接收与会者要在会上分发的材料，并发给与会者会议材料。

（4）预收会务费等相关费用。

（5）安排住宿。

（6）询问代表是否需要预订返程票等。

3. 安排食宿相关事宜

（1）检查会议代表房间基本设施是否齐全，并确保使用安全。

（2）确定宴请标准及席次安排。

（3）就餐地点应安排在单位内部食堂或餐厅，一般安排自助餐，严格控制菜品种类、数量和分量，不提供高档菜肴，不安排公款招待或宴请，不上烟酒。

4. 准备并组织预备会

（1）组织参会单位代表参加预备会。

（2）在预备会上说明会议议程及会议期间活动安排，并要求出席预备会代表负责传达给本单位每一位参会人员。

（3）布置会议期间相关事项及需要注意的问题。

5. 检查大会会场布置情况

（1）确认会场席卡摆放是否整齐、是否与座次图相符，检查会标悬挂是否得当。

（2）检查主席台布置、麦克风数量要求及会场音效等。

（3）确认会场是否需要背景音乐、报告台。

（4）确认会议是否需要礼仪服务。

（5）安排会场摄影、摄像、录音。

（6）检查主席台领导休息厅准备情况。

（7）落实会场饮用水等其他细节问题。

（8）党的代表会议及党的纪念大会，会议开始和结束时应同唱《国歌》《国际歌》。

6. 会议正式召开

会议正式召开后，要注意做好以下各项工作：

（1）安排并做好会议记录。

（2）做好会议期间的值班工作。

（3）检查分组讨论会场情况。

（4）组织好分组讨论。

（5）落实会议期间的其他安排。

7. 送站

（1）安排好送站车辆和人员。

（2）检查会场与房间，防止文件和物品的遗忘。

（三）会后总结落实阶段注意事项

1. 会议结算

（1）会议有效签字人碰头，一起清点会议期间所有花费。

（2）与宾馆酒店方协调，开好相关发票等。

2. 会议文件、资料处置

（1）收集会议文件及相关资料。收集范围包括：

①有关请求审批举办会议活动的文件，如请示；

②有关开展筹备工作的文件，如预案、会议通知等；

③有关会议内容的文件，如各种报告和发言材料、会议记录、参考资料等；

④有关会议宣传报道的文件，如有关会议的宣传材料和报纸报道文章；

⑤有关会议管理与服务方面的文件，如各种名单、票证、表格、簿册、会议总结、承办合同、日程安排等；

⑥有关会议活动的照片、录音录像资料等；

⑦会议文件的定稿，重要文件的草稿、讨论稿、修正稿、送审稿、草案、修正案、表决稿等。

（2）针对收集的文件资料进行立卷和归档，保存会议档案以备查找，并为以后开会提供参考。

3. 会务工作总结

会议结束后，要及时组织所有会务工作人员对本次会议的办会过程进行总结，发扬好做法、好经验，总结改正失误和差错，为以后开好每次会议提供借鉴和参考。

4. 会议精神的宣传、贯彻和落实

（1）及时在一定范围内传达学习会议精神。

（2）围绕会议主题，做好会议精神的宣传报道。

（3）组织撰写相关评论员文章，对会议进行专题宣传。

（4）了解下属单位对会议精神的传达学习情况，督促其做好信息反馈和书面汇报。

二、视频会议流程

（一）参加国务院国资委视频会议流程

1. 接收会议通知

（1）与主办方确认，会议是否延伸至总局各直属单位。

（2）与主办方确认，是否接收双流信号。

2. 布置会场

（1）准备会标、参会人员席卡和桌签。

（2）安排座次、摆放席卡和桌签。

3. 按时联调

（1）打开“多媒体智能中央”App，点击“开启系统”，视频终端、音频设备、显示设备将会自动开启。

（2）等待国务院国资委主会场呼叫，调节音量大小。若有双流信号，在操作设备“会议终端”选项卡界面将“近端视频”与“远端视频”分别赋予“左电视”与“右电视”，主会场点名确认声音画面正常后，联调结束。

4. 正式参会

（1）正式开会前1小时，打开视频设备。

（2）参考联调时的步骤进行操作。

5. 会议结束

（1）点击“多媒体智能中央”App右上角的“退出系统”，视频终端、音频设备、显示设备将会自动关闭。

（2）整理会场。

（二）召开总局内部视频会议流程

1. 接收会议通知

（1）与主办部门确认，会议是否需要播放 PPT。

（2）在视频会议保障团队微信群内，再次将通知转发至各直属单位视频会议保障人。

（3）与主办部门联系，了解会议议程。

2. 布置会场

（1）明确参会人员，准备会标、参会人员席卡和桌签。

（2）安排座次、摆放席卡和桌签。

3. 按时联调

（1）打开“多媒体智能中央”App（见图 2-2），点击“开启系统”，视频终端、音频设备、显示设备将会自动开启。

（2）打开电脑浏览器，在地址栏输入 http://172. 1. 3. 2，输入用户名密码登录。

（3）登录后，在界面左上角的“会议”栏目空白处点击鼠标右键选择“新建会议”，模板、时长与会议号码默认，点击确定。

（4）将右侧“地址簿”一栏中“总局”群组拖曳至“与会者”一栏，此时将会呼叫所有二级单位；鼠标右键单击“主会场”，点击“静音我以外的所有”即可关闭所有二级单位的声音传入；播放音乐，测试音频传输是否正常。

（5）鼠标右键单击“会议”，选择“会议”属性下的视频设置，分屏模式选择“演讲者模式”，演讲者选择“主会场”，分屏选择“1”，再选择“自动轮巡”。

（6）使用 L 型遥控器进入第一会议室，数字键“8”默认为主席台全景，其他数字键位可自定义预设位，对准后方摄像头调节主席台预设位置，蓝色“+”“-”号分别是放大和缩小焦距，上下左右按钮即调整镜头上下左右移动，确定预设位置之后，长按数字键 5 秒即可保存当前预设位。

（7）将主席台前两台电视的 18 针接口与地面接口连接，插上电源线，操作设备会议终端中的“近端视频”“远端视频”，可控制电视画面显示。

（8）如需播放 PPT，先将播放 PPT 的电脑使用 VGA 数据线连接主席台地面右侧接口或机房接口，电脑屏幕分辨率不能超过 1024 × 768，再操作点击“信号源选择”，选择“信息接口 6”或“信息接口 - 机房”，再点击“会议终端到远端”，最后在“会议终端”界面点击“双流”即可。

4. 正式开会

（1）正式开会前 1 小时打开视频设备。

（2）参考联调时的步骤进行操作。

5. 会议结束

（1）点击“多媒体智能中央”App 右上角的“退出系统”，视频终端、音频设备、显示设备将会自动关闭。

（2）整理会场。

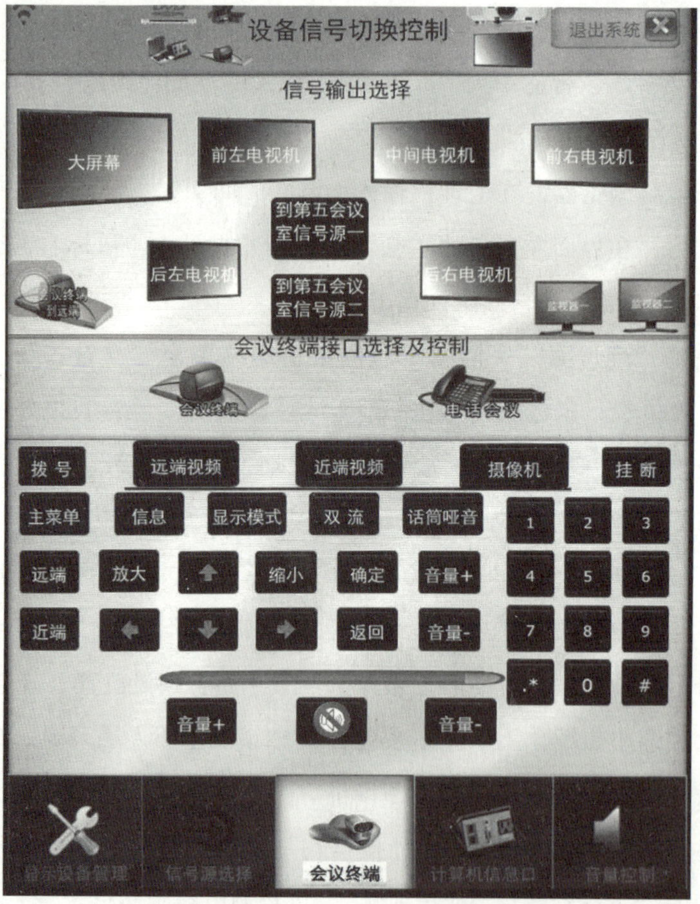

图 2-2 “多媒体智能中央”App 界面

三、决策会议及组织流程

（一）党委会议

（1）总局党委会议研究讨论是局长办公会议决策重大问题的前置程序。重大经营管理事项须经总局党委会议研究讨论后，再提交局长办公会议决定（党委会议流程图见图 2-3）。

（2）总局党委会议由总局党委书记或委托副书记召集并主持，总局党委副书记、党委委员参加，总局其他领导、党委办公室主任列席。有关部室负责人根据工作需要列席。审议事项涉及法律问题的，总法律顾问应列席并提出法律意见。

（3）总局党委会议原则每月召开一次，若有重大或急需办理的工作可不定期召开。党委会议执行少数服从多数的议事规则，经充分讨论后，会议主持人根据表决情况集中形成决议，会议结束后形成会议纪要，由党委委员审核会签。会议决定事项分别由业务部门落实；需正式行文的，由党委书记或副书记签发。列席人员可以对讨论的问题介绍情况、发表意见和提出建议，但无表决权。

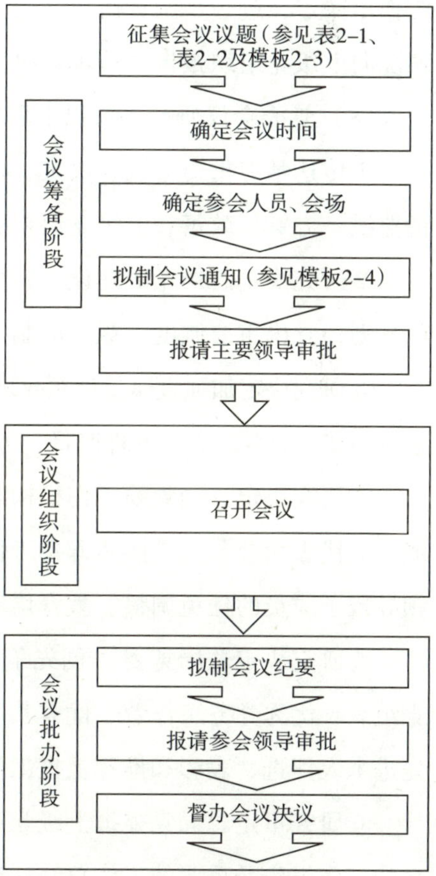

图 2-3　党委会议流程图

（4）召开党委会时，须有半数以上委员到会。讨论重大事项、重要人事问题时，须有三分之二以上委员到会。党委委员确因特殊情况不能出席党委会的，须在会前请假说明，其意见可用书面形式表达。在党委会讨论决策过程中，如某议题涉及党委委员、列席人员本人或其直系亲属需要回避的，该人员应主动回避。

（5）干部任免事项由组织人事部门按照工作程序提出建议方案，提交党委会研究，由党委成员充分发表意见。方案通过后，按照法定程序任免。若建议方案没有通过，应按照程序重新拟定建议方案，下次会议再议，不可临时动议，仓促决定。

（6）党委会决定重大事项时，党委书记应组织与会人员认真讨论，在大家充分发表意见的基础上，集中多数人意见，提出表决事项，由到会的党委委员逐项表决。表决时，必须坚持少数服从多数的原则，表决可采取口头、举手、投票等方式进行。表决实行主持人末位表态制。赞成票超过到会党委委员的半数为通过。

（7）党委会议决定重大事项时，对于少数人的不同意见，应认真考虑。如对重大事项发生争论，双方人数接近，除在紧急情况下必须按多数意见执行外，应当暂缓作出决定，进一步调查研究，交换意见，下次再表决。特殊情况下，也可将争论情况向上级党组织报告，请求裁决。

（8）党委会议研究决议以下事项：

①传达学习重要会议、决定、指示和方针政策精神，研究提出学习贯彻执行党的路线、方针、政策和上级党组织决定、决议的意见和措施。

②研究决定总局党的建设、精神文明建设、思想政治工作及党风廉政建设工作的规划；党内重要制度、规定的制定、修改和废止。

③研究决定加强直属单位领导班子建设的意见和措施，直属单位领导班子成员的任免调整、教育培养、管理监督、考核奖惩以及后备干部队伍建设、人才队伍建设。

④研究决定总局党委工作机构与直属单位党组织的设置、调整和撤销，党委会或党员代表大会及党委换届筹备工作；总局总部部门处级以上管理人员、直属单位领导班子成员的任免调整、教育培养、管理监督、考核奖惩。

⑤研究决定总局党委“创先争优”、创建“四好班子”等活动方案，先进基层党组织、优秀党务工作者、优秀共产党员和精神文明建设、思想政治工作先进单位、先进个人评选、表彰和推荐上报工作；党内重大先进典型的宣传、表彰和奖励。

⑥研究审定总局党委报上级党组织的重要请示、报告，党员大会或党员代表大会的工作报告及重要的工作总结；研究下级单位党组织请示报告的重要事项。

⑦研究决定总局党委年度工作计划、中心组学习计划及相关制度等。

⑧研究部署总局党风廉政建设及反腐败工作，审定总局党风廉政建设及反腐败工作有关制度，听取总局纪委党风廉政建设及反腐败工作汇报、重大案件的处理意见及其处理情况汇报；按干部管理权限，研究对违纪党员、不合格党员的处置意见。

⑨听取有关党建工作、思想政治工作、精神文明建设和企业文化建设的工作汇报，研究部署党员队伍建设及相关工作。

⑩研究提出关于企业重大决策、重大经营管理事项的意见建议。

⑪研究部署总局基层党组织建设等有关党务工作。

⑫研究部署总局统一战线、意识形态及扶贫工作。

⑬听取总局工会、共青团工作汇报，并提出指导意见。

⑭研究审定工会、共青团等群众组织工作计划，重要活动方案，评选、表彰和推荐、上报的各类评先人选和单位名单。

⑮研究决定工会、共青团等群众团体机构和岗位的设置、主要负责人的推荐、增补、调整和审批。

⑯听取职工代表大会、民主管理有关工作汇报，研究审定职工代表大会、企务公开等民主管理、民主监督工作意见。

⑰研究决定职工代表大会议程、议题、工作报告、职工代表选举方案和职代会主席团成员的建议名单。

⑱研究上级党委规定或党委书记提议研究的事宜。

（9）局长办公会议决策的重大经营问题需经党委会议前置研究审议的事项：

①研究审议总局发展战略、经营战略、中长期发展规划以及重大改革措施和实施方案。

②研究审议总局及所属单位 2000 万元以上重大投资、大额资金支出，企业改制、重组、资产处置、股权转让等重大事项。

③研究审议总局年度工作计划、安排。包括年度投资计划、年度财务预算和决算方案、年度资金（含融资、担保等）计划、年度利润分配方案、年度生产经营计划、年度职工工资总额预算及工资分配方案等。

④研究审议涉及职工利益的重大问题。

⑤听取各部门及所属单位重大经营管理的专项报告。

⑥研究审议其他重大经营管理事宜。

以上不少事项均属于中央企业“三重一大”决策事项。为让办公室工作人员清楚了解中央企业“三重一大”决策事项全貌，列表如下（见表2-1）。

表2-1 中央企业“三重一大”决策事项目录

事项目录			事项目录编码
重大决策事项	贯彻执行党和国家决策部署的重大措施	路线方针政策	D01
		法律法规	D02
		上级重要决定	D03
	运营管理重大决策	发展战略	D04
		企业破产	D05
		企业改制	D06
		兼并重组	D07
		资产调整	D08
		产权转让	D09
		对外投资	D10
		利益调配	D11
		机构调整	D12
	党的建设重大决策		D13
	安全稳定的重大决策		D14
	其他重大决策		D15
重要人事任免事项	中层以上经营管理人员管理	人员任命	H01
		人员免职	H02
		人员聘用	H03
		人员解聘	H04
		后备人选	H05
		接受纪律审查监察调查情况	H06
	下属企业和单位人员管理	领导班子成员任命	H07
		领导班子成员免职	H08
		领导班子成员聘用	H09
		领导班子成员解聘	H10
		领导班子成员后备人选	H11
		接受纪律审查监察调查情况	H12
	控股和参股企业人员管理	委派股东代表	H13
		推荐董事会成员	H14
		监事会成员推荐	H15
		推荐经理	H16
		推荐财务负责人	H17
	其他重要人事任免		H18

续表

<table>
<tr><th colspan="3">事项目录</th><th>事项目录编码</th></tr>
<tr><td rowspan="9">重大项目
安排事项</td><td colspan="2">年度投资计划</td><td>P01</td></tr>
<tr><td rowspan="4">金融衍生业务</td><td>融资</td><td>P02</td></tr>
<tr><td>担保项目</td><td>P03</td></tr>
<tr><td>期权</td><td>P04</td></tr>
<tr><td>期货</td><td>P05</td></tr>
<tr><td colspan="2">重要设备和技术引进</td><td>P06</td></tr>
<tr><td colspan="2">采购大宗物资和购买服务</td><td>P07</td></tr>
<tr><td colspan="2">重大工程建设项目</td><td>P08</td></tr>
<tr><td colspan="2">其他重大项目安排</td><td>P09</td></tr>
<tr><td rowspan="4">大额度资金
运作事项</td><td colspan="2">年度预算内大额度资金调动和使用</td><td>F01</td></tr>
<tr><td colspan="2">超预算的资金调动和使用</td><td>F02</td></tr>
<tr><td colspan="2">对外大额捐赠、赞助</td><td>F03</td></tr>
<tr><td colspan="2">其他大额度资金运作</td><td>F04</td></tr>
</table>

表 2-2　总局会议议题提报单

会议议题	（事项目录编码）题目
汇报部门	部门
前置研究会议	o 部务会议 o 部际会议，参加部门：______________ o 专业委员会，专业委员会：__________
内容摘要	内容摘要（不超过 **50** 字）
部门领导意见	部门领导签字
法律意见	法律人士意见
分管领导意见	分管领导签字

注：（1）上会议题需符合总局会议制度要求；

（2）会议材料应与会议议题经部门领导审核后同时提交；

（3）法律意见可以为总法律顾问、法务部门负责人、法务处负责人会签意见，也可以提供相应的法律意见书；

（4）原则上，会议当天不再接收新的议题材料。

模板 2-3　中国煤炭地质总局会议材料

中国煤炭地质总局会议材料（黑体，2 号）

××××年（楷体，3 号）

××××（议题名称，方正小标宋，2 号）

一、××××（一级标题，黑体，3 号）

（一）××××（二级标题，GB_2312 楷体，3 号）

1. ××××（三级标题，GB_2312 仿宋，3 号）

正文（GB_2312 仿宋，3 号）

2. ××××

3. ××××

4. ××××

5. ××××

6. ××××

7. ××××

8. ××××

汇报部门：×××

日期：××××年×月×日

模板 2-4　党委会议通知

党委会议通知

（××××年第××次）

时　　间：××××年××月××日××：××

地　　点：××××

主 持 人：×××

参加人员：×××　×××　×××

列席人员：×××　×××　×××

会议内容：

1. 传达学习上级会议、文件精神（××，×分钟）；

2. 研究审议××事宜（××部，×分钟）；

3. 研究审定××事宜（××部，×分钟）。

××××××××××××××××××××××。

党委办公室

××××年××月××日

注：议题中提示的“×分钟”为该项议题的预计汇报时长。

（二）局长办公会议

（1）局长办公会议由总局局长召集并主持，总局领导班子全体成员、局长助理、总法律顾问参加。根据会议议题，总局相关部室负责人和有关下属单位负责人可列席会议（局长办公会流程图见图2-4）。

（2）局长办公会议原则上每月召开一次，若有重大或急需办理的工作可不定期召开。会议议题由领导班子成员和有关部门提出，办公室汇总，提交局长审定。局长办公会议决策的重大经营管理事项必须经总局党委会议研究讨论。局长办公会议实行局长负责制，由局长根据参会人员讨论情况最后作出决定，并形成会议纪要，由局长签发。

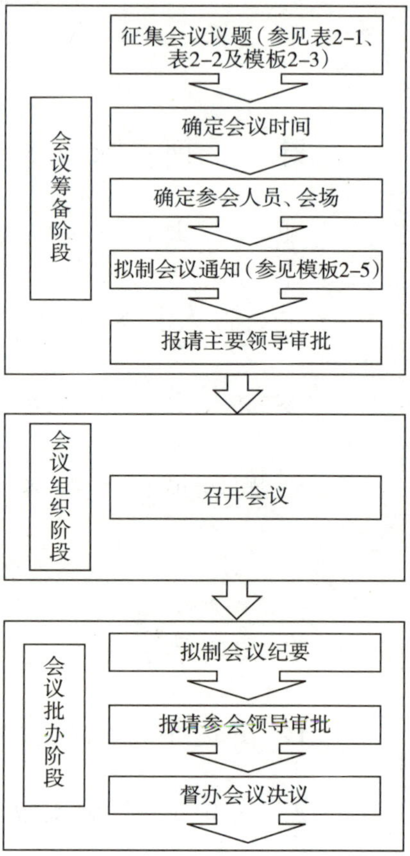

图2-4　局长办公会流程图

（3）局长办公会议主要议事范围、任务：

①传达学习党中央、国务院以及国资委等有关部委重要会议、决定、指示精神和方针政策等，研究制定贯彻落实的措施；

②贯彻落实总局党委会议决定，研究制定具体措施；

③研究决定总局发展战略、经营战略、中长期发展规划以及重大改革措施和实施方案；

④研究决定总局重大投资、大额资金支出以及企业改制、重组、资产处置、股权转让等重大事项；

⑤研究决定对所属单位利润分配、弥补亏损、贷款、担保等重大问题；

⑥研究决定对所属单位有关合并、分立、变更公司形式、清盘、撤销等问题；

⑦研究决定总局管理体制、制度建设和内部组织机构设置；

⑧研究涉及职工利益等重大问题，决定总局职工工资总额预算及工资分配方案；

⑨研究决定总局年度工作计划、安排，包括年度投资和资产经营方案、年度财务预算计划和决算方案、总局生产经营方针和年度生产经营计划等；

⑩听取各部门及所属单位重要问题的专项报告；

⑪研究决定其他重大事宜。

模板 2-5　局长办公会议通知

局长办公会议通知

（××××年第××次）

时　　间：××××年××月××日××：××

地　　点：××××××

主 持 人：×××

参加人员：×××　×××　×××

列席人员：×××　×××　×××

会议内容：

1. ★研究审定××事宜（××部门，×分钟）

2. 研究审定××事宜（××部门，×分钟）。

3. ……

办公室

××××年×月×日

注：标“★”议题已经过总局党委会议讨论，议题中提示的时间为该项议题的预计汇报时长。

（三）业务办公会议

（1）业务办公会议由业务分管总局领导主持召开，其他领导、相关业务部门人员参加。

（2）业务办公会议主要议程，由主办业务部门负责拟订。

（3）出席会议人员因故不能参加会议，须向会议主持人请假。

（4）业务办公会议的主要任务：专题解决相关业务问题。

（四）党建例会

（1）召开时间：党建工作例会至少每季度召开 1 次，会议时间由会议主持人根据实际情况确定。

（2）党建工作例会参加人员范围：党建工作例会由党委书记或党委副书记主持，涉及相关工作的党委委员，党群部门工作人员，直属机关党组织委员参加会议，可根据工作需要扩大参会人员范围。

（3）党建工作例会主要内容。

①加强党的政治建设研究工作。学习贯彻习近平新时代中国特色社会主义思想和党的十九大重要会议精神；坚持用党的科学理论武装头脑，坚定执行党的政治路线，坚决站稳政治立场，树牢“四个意识”，坚定“四个自信”，坚决做到“两个维护”，增强党组织政治功能；按照民主集中制原则，同各项管理制度相融合；建立党员干部定期汇报思想制度。

②传达、学习党中央、国务院方针政策以及国资委党委决策部署，贯彻落实总局党委党建工作安排，结合实际，研究提出贯彻落实的意见和措施办法。

③加强党的思想建设研究工作。开展有关主题教育活动，教育引导党员干部坚定信念、牢固宗旨、不忘初心、牢记使命、任事担当。

④加强党的组织建设研究工作。突出“20 字”标准，建设高素质专业化的企业领导人员队伍，营造风清气正的干事创业环境；研究本单位基层党组织“三基建设”，落实党建工作责任制，持续抓好基层组织全覆盖工作，做好述职、述党建工作。

⑤加强党的作风建设和纪律建设研究工作。分析研究本单位党风廉政建设情况；

贯彻落实中央企业八项规定及实施细则精神，确保中央精神和要求不折不扣落到实处，坚决防止“四风”问题反弹回潮。

⑥加强党的制度建设研究工作。对照《中国共产党章程》及《关于新形势下党内政治生活的若干准则》《中国共产党党内监督条例》等党内基本制度，结合不同层级不同类型党组织特点和企业生产经营实际，制定具体贯彻落实举措，形成以议事决策、请示汇报、组织生活、发展党员、党员教育管理、党费收缴使用、党内关怀帮扶等为重点的基层党建制度体系。

⑦加强宣传工作、精神文明建设和企业文化建设研究。加强宣传工作，坚持正确舆论导向，弘扬正能量；进一步落实意识形态工作责任制；强化品牌建设，提升企业文化软实力；做好先进典型选树，强化精神文明建设成效；着力强化党的统战群团工作。

⑧根据新形势和新要求，以及总局思想政治工作新情况、新动态，研究做好总局系统思想政治研究工作。

⑨组织党务工作者学习交流党建工作经验，指导各基层党组织创新活动方式，加强党员教育管理，提高党建工作水平。

⑩对各级党组织反映的重要问题，提出协调解决、指导工作的办法和措施。

⑪以部门为单位，总结交流上一季度工作情况，重点对工作中存在的问题进行分析，提出下一季度主要任务、要求和计划。

⑫其他需要研究的问题。

（4）党建工作例会工作程序。

①党建工作例会每季度议题由各党群部门（单位）提出，由牵头部门汇总后报主持人审定。

②党建工作例会研究确定的工作意见，由牵头部门整理成会议纪要，具体落实的事项制定督办表，下发参会主要领导、相关部门（单位）实施执行。

③党建工作例会议定涉及相关部门、单位工作的事项，由各部门、单位负责人承办、落实。

四、重要仪式与典礼活动筹备及流程

（一）签字仪式

1. 文本的准备

（1）所要签署文件的定稿。

（2）确定文件使用的文字。

（3）确定正本和副本。

（4）根据定稿印制、校对正本和副本。

（5）在签字文本上盖章。

2. 商定参加人员

（1）签字人：注意具有法定资格和规格对等。

（2）领导人：注意规格对等。

（3）致辞人：一般为签字各方身份最高的领导人。

（4）主持人：一般由主办方派有一定身份的人士担任。

（5）见证人：注意人数大致相等。

（6）助签人：一般可由礼仪人员来担任。

（7）群众代表：视情况而定。

（8）记者：视情况而定。

3. 现场布置和物品准备

（1）签字桌椅。

①双边签字，一般在长桌后放两把椅子，为双方签字人员就座。如为涉外双边签字仪式，座位则按主左客右的惯例摆放（见图 2－1）。

②如签字方较多，则可加长桌子，增加座位。多方签字时，也可将桌子排成圆

形或者方形，或仅放一张椅子，由各方代表依次签字。在国际场合下，多方签字时应按礼宾次序（即英文国名首字母顺序）安排各方签字代表的座次，也可按事先商定的顺序排列。

③签字桌上要摆放各方签字人的席卡，席卡一般写明签约双方的名称、签字人的职务及姓名。在涉外签字仪式中，席卡上应当用中英文两种文字进行标示。

（2）国旗。

①在涉外签字仪式中，一般要挂各国的国旗；

②双边签字时，可将双方国旗按照签字人的座位插在签字桌中央的旗架上，或挂在背面的墙上；

③多边签字时，则可将各方国旗插在相应签字人座位前的桌上或身后，现场如悬挂会标，要避免被国旗遮挡。

（3）文具。

包括钢笔、墨水、吸墨纸（器），用笔和墨必须符合归档的要求。

（4）文本。

各方保存的文本应置于各方签字人座位前的桌子上。

（5）参加人员位置。

在双边缔约仪式中，按主左客右的惯例分立于签字人员后面，各方身份最高的领导人并排站立于中间，其他人员则按身份高低向两侧顺排（见图 2-5）。

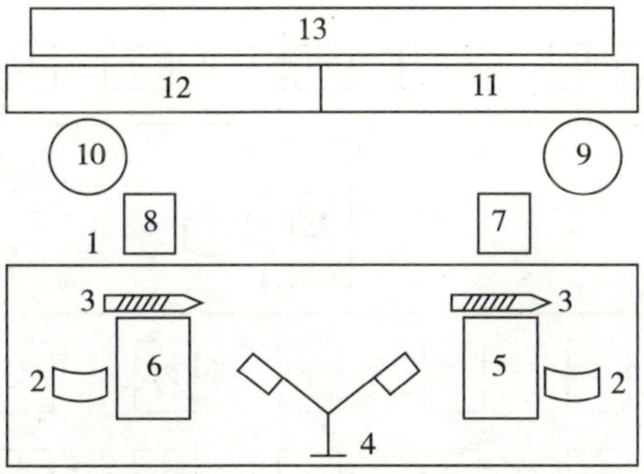

图 2-5　涉外签字仪式图（双边签字 · 形式一）

注：1. 签字桌；2. 吸墨器；3. 签字笔；4. 旗架；5. 主方保存的文本；6. 客方保存的文本。7. 主方签字人座位；8. 客方签字人座位；9. 主方助签人位置；10. 客方助签人位置；11. 主方参加人员位置；12. 客方参加人员位置；13. 会标

人数较多时，可分成若干排站立于前低后高的梯架上。有时也可在签字桌的对

面或前方两侧摆放座位，供参加人员就座（见图 2-6）。

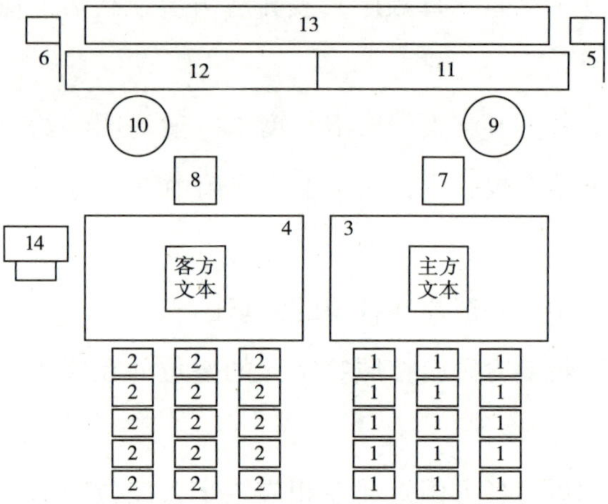

图 2-6　涉外签字仪式图（双边签字·形式二）

注：1. 主方参加人员座位（面朝签字桌）；2. 客方参加人员座位（面朝签字桌）；3. 主方签字桌；4. 客方签字桌；5. 主方国旗；6. 客方国旗；7. 主方签字人；8. 客方签字人；9. 主方助签人；10. 客方助签人；11. 主方领导人；12. 客方领导人；13. 会标；14. 讲台。（文本和文具摆放同图 2-5）

在多边签字仪式中，各方领导人按礼宾次序从中间向两侧排列。签字仪式现场布置图如图 2-5 至图 2-7 所示。

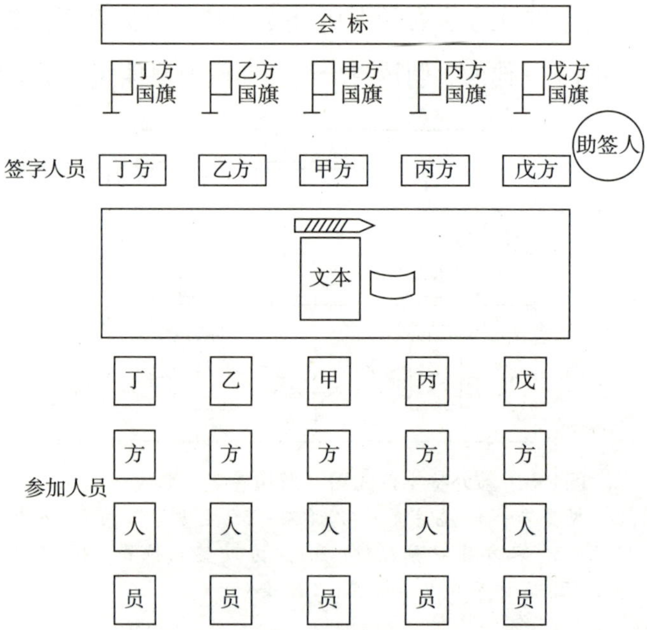

图 2-7　涉外签字仪式图（多边签字）

（6）讲台。

如果安排致辞，可在签字桌的右侧放置讲台或落地话筒。

（7）会标。

签字仪式的会标要求醒目，写法有两种

①由签约双方的名称、签字文本标题和“签约仪式”或“签字仪式”组成。如：

中国煤炭地质总局 中煤能源集团公司	战略合作意向签字仪式

②由签约双方的名称、签约内容和“签约仪式”组成。如：

青海省人民政府	中国煤炭地质总局
联合开发青海省煤炭资源签约仪式	

涉外签字仪式的会标应当用中文和外文书写。

（8）香槟酒。

有时在签字仪式结束后，各方举行小型酒会，举杯共庆会谈成功，应事先准备好香槟酒、酒杯等。

4. 签字仪式具体程序

签字仪式的程序分为单纯性程序和复合性程序两种。单纯性程序仅有签字的过程，不安排讲话致辞；复合性程序除签字过程外，还要安排各方领导人致辞、祝酒等活动。复合性签字仪式程序如下。

（1）签字各方参加人员在工作人员引导下进入预定位置。

（2）主持人介绍签字各方的领导及其他贵宾。

（3）主持人宣布签字仪式开始。

（4）主持人请各方领导人先后致辞。

（5）各方进行签字。

（6）举行小型酒会，举杯庆贺。

（7）联合举行记者招待会或新闻发布会。

（二）开幕式与闭幕式

1. 前期准备工作

（1）确定参加对象和范围。

（2）确定主持人、致辞人和剪彩人。

（3）准备与活动相关的物品（留言簿等）。

2. 具体程序

（1）大型综合性活动的开幕式程序。

①开幕前通过音乐、歌舞、体育表演等渲染气氛；

②来宾签到留念；

③宣布仪式开始；

④举行升旗仪式（可选择）；

⑤致辞；

⑥剪彩；

⑦参观或观看演出；

⑧留言或题词。

（2）会议的开幕式程序。

①介绍领导和会议代表；

②宣布开幕式开始；

③全体起立，奏（唱）国歌、升国旗；或奏会歌、升会旗（可选择）；

④致开幕词；

⑤来宾致辞；

⑥主持人宣布开幕式结束，进行文艺演出活动或宣布休会。

（3）闭幕式程序。

闭幕式中的签到、介绍领导人和来宾、宣布仪式开始等程序与开幕式基本相同。不同之处主要是：

①由主办单位的领导人致闭幕词；

②党的代表大会闭幕时应齐奏和齐唱国际歌；

③竞赛和评选活动的闭幕式要宣布比赛成绩和名次以及评选的结果，并举行颁奖仪式；

④如果开幕式上举行升会旗仪式，那么闭幕式应当相应地举行降会旗仪式；

⑤节、展、月等大型活动，闭幕式后还可以举行文艺和体育表演，以示庆贺；

⑥文艺类活动的闭幕式可以采取晚会的形式和程序。

（三）开工与揭幕仪式

1. 前期准备工作

（1）确定主礼人。

（2）现场布置与物品准备。主要包括临时性主席台、讲台或落地话筒、奠基碑石（或用幕布覆盖的碑、牌）、现场会标。

2. 开工与揭幕仪式的程序

（1）奠基开工仪式程序。

①来宾签到，礼仪引导；

②主持人宣布仪式开始；

③主办单位领导致辞；

④建设单位和东道主代表致辞；

⑤员工代表致辞或宣誓，也可由一位领导率领全体员工宣誓；

⑥上级领导或代表致辞；

⑦奠基或开工；

⑧工程正式启动。

（2）开业仪式程序。

开张仪式是指公司或酒店等正式对外营业的仪式，一般在公司或酒店正门举行。其程序大致如下：

①来宾签到，礼仪引导，并接受登记花篮和贺品。花篮和贺品要摆放在正门的两侧；

②主持人宣布仪式开始，介绍主要领导和来宾；

③开张单位领导致辞；

④来宾单位和东道主代表致辞；

⑤开张单位员工代表致辞或宣誓，也可由一位领导率领全体员工宣誓；

⑥上级领导和代表致辞；

⑦领导人和嘉宾共同剪彩；

⑧开张单位领导陪同嘉宾参观，正式对外营业。

揭牌、挂牌、揭幕、竣工等仪式的程序都大体相同。

（四）颁奖仪式

1. 颁奖仪式的准备

颁奖仪式可单独举行，也可作为会议活动中的一项程序进行。一般要做好以下准备工作：

（1）确定出席对象和范围。

（2）确定颁奖人和主持人。

（3）确定颁奖的形式。

（4）发出邀请和通知。

（5）现场布置和物品准备。

2. 颁奖仪式的具体程序

（1）群众代表先入场就座。

（2）观礼嘉宾签到。

（3）主礼人或主礼嘉宾以及领受人入座。

（4）主持人介绍主要领导人和嘉宾。

（5）主持人宣布仪式开始。

（6）全体起立奏国歌。

（7）宣布颁奖决定。

（8）主礼人或主礼嘉宾向领受人颁奖。

（9）安排献花。

（10）颁授对象的代表致答词。

（11）群众代表致辞。

（12）主办方领导致辞。

（13）主持人宣布仪式结束。

（五）庆典仪式

1. 前期准备工作

（1）选择地点。

（2）美化环境。

（3）选择场地。

（4）准备音响。

（5）邀请嘉宾。

（6）接待等其他相关准备事项。

2. 庆典流程

（1）宣布开始。

（2）主要领导致辞。

（3）嘉宾讲话。

（4）安排演出。

（5）邀请参观或其他活动。

中央地勘企业办公室工作标准化实务

事务篇

“办事”，
要让方方面面都认可，
上上下下都满意，
不轻松

一、安排领导公务活动

（一）安排领导公务活动的一般程序

（1）掌握情况，明确要求。

（2）精心策划，拟订方案。

（3）准备落实，搞好协调。

（4）现场服务，确保顺利。

（5）总结经验，形成报告。

（二）领导公务活动的安排

1．调研、考察、访问活动

（1）出行前的准备工作。

①了解领导活动的目的、意图、时间、地点及单位、随行人员等情况；

②围绕活动的具体任务，准备相关资料，以便提供咨询和服务；

③与有关方面联系、协调后，设计活动路线；

④准备有关证件和用品被调研；

⑤安排随行人员，并提前通知被调研、考察、访问单位做好接待准备。

（2）出行中的服务工作。

①安排协调好各项活动；

②认真做好各项记录；

③做好新闻素材的收集整理；

④及时办理领导交办的事项。

（3）善后工作。

调研、考察、检查活动结束后，针对发现的问题，要会同有关方面提出整改措施；领导人作出的指示，要及时传达贯彻，并做好督查反馈工作。

根据需要做好新闻宣传工作。

2. 慰问活动

（1）选好慰问对象。

（2）安排慰问时间。

（3）确定慰问地点。

（4）策划慰问方式。

（5）准备慰问品。

（6）通知被慰问单位。

（7）联系新闻单位，做好新闻报道，讲好新闻故事。

（8）安排好慰问的具体程序。

3. 领导会议活动

（1）日常性办公会议。

①收集好议题；

②协调好议题；

③准备会议文件；

④落实会议通知；

⑤做好候会安排；

⑥做好文印服务；

⑦防止有人干扰会议；

⑧做好会议记录；

⑨反馈会议信息。

（2）座谈会。

①明确座谈目的和主题；

②发出书面通知，并电话跟踪落实；

③灵活布置会场；

④安排好发言。

（3）现场会。

①选好会议现场；

②安排好现场参观的路线；

③布置好会场；

④搞好现场接待。

二、请示与汇报

（一）请示事项

（1）为了规范领导批示程序，提高办事效率和工作质量，各部门向领导请示重要事项时，要采用“签报”（详见模板 3-1）的形式向领导呈送批件。有关公务信函的呈送，其程序视同“签报”管理，工作人员不能私自捎带并擅自向领导呈送公务信函。

（2）职能部门拟制“签报”的注意事项。

①“签报”格式要统一，主送领导要明确，内容提要要精炼，请示事项要翔实，时间要具体，部室负责人及联络人要签字。

②报批事项若附有文字材料，要以规范附件的形式一并报送。

③报送主要领导的“签报”，部室首先要呈送分管领导审核同意并签署意见后，向主要领导报告。

（3）办公室呈送“签报”或公务信函的注意事项：

①“签报”由办公室（党委办公室）统一汇总、登记，并根据领导分工按程序送达。

②如果“签报”或公务信函需要呈送两位及以上领导时，应按照领导同志的排序由后向前书写排列并呈送。如×××、×××并×××（按领导同志的排序逆序排列）。

（二）汇报工作

各直属单位向总局汇报工作，须提前一周向总局办公室（党委办公室）提交汇报请示（特殊情况除外），请示内容包括汇报主要内容、参加人员、拟汇报时间。办公室（党委办公室）接到所属单位请示后进行协调，确定汇报是否必要，并反馈请示单位，同时组织实施。具体流程如图 3-1 所示。

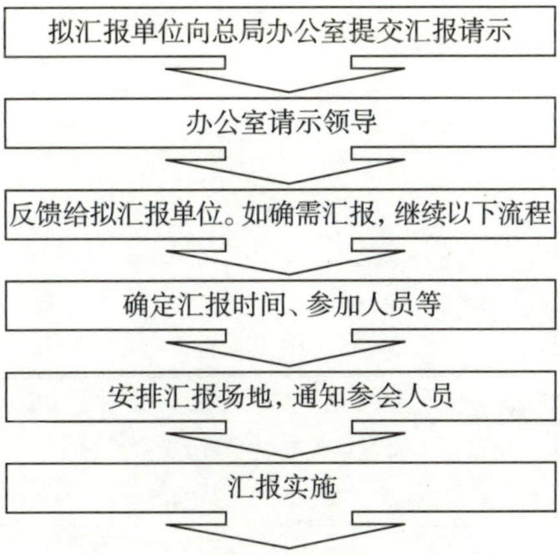

图 3-1 汇报工作请示流程图

模板 3-1

签　报

××××××局　　　　部（室）　　　　年　　月　　日

领导批示：	签报事项摘要及部门负责人意见：
	会签：

联系人：　　　　电话：

三、信息工作

（一）重要意义

信息是各级党委了解情况的重要渠道、科学决策的重要依据，是基层单位反映情况的重要途径、展示形象的重要窗口，是办公室系统工作的重要组成部分。2014年5月8日，习近平总书记在视察中共中央办公厅时，作出了关于“五个坚持”的重要指示，同时要求“围绕大局反映情况、报送信息，做千里眼、顺风耳，把各方面新情况新问题、贯彻落实党中央方针政策的意见和建议、干部群众关注的热点焦点问题及时收集上来，归纳综合，分析研判，第一时间报送党中央，为党中央科学决策提供重要依据”。习近平总书记的重要指示为做好信息工作指明了方向。党的十九大报告提出了中国发展的新的历史方位，中国特色社会主义进入新时代，国际政治经济局势复杂，我国经济稳增长压力加大，改革发展任务繁重。各单位（公司）必须把服务领导科学决策作为信息工作的神圣职责和重大使命，第一时间将贯彻落实习近平总书记重要指示要求和党中央重大决策部署情况传递上去，及时反映工作成果、存在问题和政策建议，当好各级领导同志科学决策的“千里眼、顺风耳”。充分认识信息权威性、便捷性、保密性等特点，发挥信息响应快捷、形式灵活、内容广泛等优势，将其作为汇报工作、反映问题的主要渠道之一。

对于总局而言，在改革发展中，信息是分析形势、研究工作、制定政策的重要依据。决策的过程，就是信息的输入、处理、输出的过程。决策的形成需要借助信息进行判断，决策的实施需要借助信息进行控制，决策执行终结后，需要借助信息进行总结，为新的决策创造条件。信息工作做得好不好，提供的信息及时不及时、真实不真实、全面不全面，将直接影响到领导的决策和对全局工作的把握。通过加强分析、判断和整合，做好信息报送工作，有利于为领导掌握情况、科学决策，有利于改革发展和做强做大。同时，信息工作作为社会舆情汇集的重要组成部分，在反映群众需求、通达社情民意上具有重要作用。

（二）注意事项

（1）准确性。无论是思想观点阐述还是语言文字表达，均应做到准确明了，恰如其分。

①观点准确。符合党的方针政策，符合国家法律法规。

②事实准确。从实际出发，实事求是，真实反映事物本来面目和客观过程。

③文法准确。遵守文法，语意清楚无歧义，表述准确无语病。

④逻辑准确。概念、判断、推理以及各种逻辑思维规律的运用，都要准确无误。

（2）鲜明性。主题突出，观点鲜明，且与结构紧密融合，与素材相辅相成，与语言和谐一致。

①直入主题，开门见山。起笔就用简练的文字把主体托出，让阅读者迅速进入文境。

②衔接呼应，突出主旨。内部相互照应，构成一个完整的主张、观点、结论，体现主旨。

③夹叙夹议，明确中心。摆事实，讲道理，使两者紧密融合，突出主要观点和主旨思想。

④段头撮要，以明段旨。每一个层次即意义段的前面，用简明语言概括该段主旨。

（3）简洁性。做到文字简练朴实，短小精悍，没有空话套话。

①结构紧凑。重点突出，浑然一体，具有完整性、连贯性和严密性。

②条理清晰。言之有序，层次合理，脉络清晰。

③文字简洁。要做到内容凝练，风格质朴。

（三）主要类型

（1）动态类信息。其主要特征为客观性、时效性、真实性、广泛性等，要求快写快报、善于捕捉、实事求是、简明扼要，内容包括本单位贯彻落实党和国家及上级部门政策、决策、精神情况，以及各单位在地质工作动态、资源勘查情况、资源保障程度、新发现资源情况、经营动态、经营业绩、工程项目、改革发展、技术创新、管理经验、海外拓展、人才队伍建设、国际合作交流、企业党建、安全生产、精神文明建设、社会责任等工作中取得的突出成绩、成效，采取的主要措施及典型经验等。对于总局本部各部门来说，主要包括领导重要批示、贯彻落实党和国家及上级部门和本部政策、决策、精神情况，工作部署与实施情况，本部门公务活动、重要会议、最新工作动态等。

（2）综合类信息。其内容主要包括结合地质勘探行业特点和主业状况，对有利于提高国家能源保障、节能降耗、矿产资源开发利用，煤炭工业、化学工业发展，以及煤炭地质、化工地质行业的焦点、重点等工作，进行全面的总结分析，并发现问题、找出原因、提出对策与建议。对于总局本部各部门来说，主要是本部门在工作中取得的突出成绩、成效，采取的主要措施，典型经验和做法等。

（3）其他类信息。其内容主要涉及煤炭地质、化工地质改革、发展与稳定工作中的有关新情况、新问题及相关措施与建议，以及需要及时上报的重大信息、突发性事件等。其中，突发信息是指人们事前不知、带有较大偶然性、突然发生的重大事件类信息，如重大自然灾害、重大伤亡事故、重大舆情、重大公共卫生事故等。此类信息是各级领导急需掌握、必须迅速作出决断并采取措施加以处理的，一定要注意时效性，早于新闻进行报送。

（四）基本要求

信息报送工作部门要安排专人负责信息收集整理、撰写、报送等具体工作。信息报送工作要坚持实事求是的原则，做到真实、准确、及时。

（1）要注意把握信息报送的正确方向。信息报送工作人员要加强学习，认真领会党和国家的路线方针政策，紧密结合工作实际，做到信息报送方向明确，主题突出。

（2）要掌握信息的撰写方法。根据信息报送“领导最需要知道的”“最需要领导知道的”原则，认真学习中央企业先进经验，力求做到信息的“新、快、准”。

（3）要注重信息素材的积累。通过开展调研、沟通，了解、交流、收集、整理煤炭总局各单位及全行业的最新情况，积累素材，及时发现有价值的信息。

（4）保持信息渠道的畅通。积极与全行业及总部各部门沟通情况，从中筛选出具有反映行业代表性的材料，及时编报信息。

（5）保证报送信息的质量。全面及时反映地勘单位面临的形势及各项工作进展情况，做到信息内容客观真实、重点突出、文法规范、逻辑严谨、言简意赅、要素齐全。

（五）信息与新闻的区别

（1）受众不同。信息面向党政机关、企事业单位，受众主要为领导和管理人员；新闻是面向公众发表的，受众为广大公众。

（2）写法不同。信息要求开门见山，平铺直叙，尽量不要用修饰语和修辞手法，语言简洁易懂，力求以最少的文字表达最大的信息量；而新闻（特别是通讯、特写）可以用修饰词和拟人、比喻等修辞手法，语言力求客观准确、吸引眼球，引起读者共鸣。

（3）内容不同。新闻是以事实为主，观点主要体现在对事实的选择和剪裁中，而信息既可以描述客观事实，又可以直接表达自己的观点。在选材上，信息着重选择对决策有直接作用和较高参考价值的材料，侧重于全局性、综合性。新闻则要适合广大公众政治、经济、文化、生活的需要，主要侧重于知识性、新鲜性、传播性、可读性。

（4）时效性不同。信息要先于新闻传播进行报送。

（六）常见信息写作范例

1. 写作要求

（1）动笔之前先要想清楚，多问几个“为什么”，袖手于前，方能纵笔于后。

（2）要把脑子里“想清楚”的，运用思维能力和文字能力，变成纸上“写清楚”的，还要变成受众能够“看明白”的，尽量避免使用专业化术语。

（3）写成的信息要有一定特色，从宏观方面来讲，要体现时代特色；从中观方面来讲，要体现行业特色、单位特色；从微观方面来讲，要体现某项工作特色。

（4）提出的建议要符合政策法规要求，应实在可行，避免空泛。

2. 动态类信息

动态类信息主要提供单位发展中的动态消息，在撰写中只需写出信息所包含的主要情况、核心内容等要素即可，不需要过多展开和详述。

（1）工程项目例文。

中煤地质总局在恩施地区钻获优质页岩气进一步勘查与开发潜力较大

近日，中煤地质总局所属湖北煤炭地质勘查院在恩施咸丰县钻获页岩气。经现场解析测试，含气量较大的层段有三层，深度分别在1446米、1479米、1503米以下，页岩厚度分别为32米、23米、16米左右，3个层段所采气样均可点燃。其中，第三层段16米黑色炭质页岩，每吨页岩产生的页岩气最高达×××立方米，最低为×××方米，平均为×××立方米，为优质含气层段。

资料显示，重庆涪陵焦石坝地区的“焦页1井”，每吨页岩产生的页岩气为×××立方米。该井于2013年1月9日正式投入试采，成为中国页岩气商业化开发的“第一口井”。这次在恩施钻获的页岩气层位与重庆涪陵焦石坝地区的页岩气层位相同，意味着该地层存在丰富的页岩气资源，进一步勘查和开发的潜力较大，为湖北在恩施地区建设页岩气勘查开发示范区奠定了坚实基础，将进一步有效缓解湖北及周边地区“缺煤、少油、乏气”的现状。

（2）科技创新例文。

中煤地质总局航测遥感技术打破国外技术垄断

近日，由中煤地质总局航测遥感局技术发展研究院自主研发的“融合LiDAR点云与影像的数据处理与三维重建系统”项目喜获西安市2015年科技进步二等奖。该系统以机载LiDAR点云数据为主要数据源，实现了机载LiDAR从点云预处理、分类编辑、制作数字高程模型到实景三维模型构建的完整业务流程，生产效率较国外同类软件提高了30%。

该系统的研制成功打破了国外软件在LiDAR数据处理领域的长期垄断现状，形成了与国外系统在市场上平等竞争的局面。目前，该系统已在陕西、福建、河北、浙江、北京等多个省市销售和生产，取得了良好的经济和社会效益。

（3）战略合作例文。

中煤地质总局助推南疆经济发展

中煤地质总局日前与新疆生产建设兵团第三师图木舒克市签订全面合作协议，总局将发挥人才、资金、管理、平台等优势，积极参与师市国资国企改革，重点在资源勘查、地热资源开发、地理信息、智慧城市、城市综合环境承载力评价、城市安全运营、基础设施建设、“一带一路”建设等方面创新合作模式，助推南疆经济发展。

（4）兼并重组例文。

中化地质矿山总局移交中煤地质总局管理交接仪式顺利完成

中煤地质总局与中国昊华化工（集团）总公司日前在京举行了关于中化地质矿山总局移交中煤地质总局管理交接仪式。此举标志着中煤地质总局向地勘领域横向整合，实施“大地质，大市场”战略的新突破，也有利于中央地勘单位优化资源配置，提升队伍的总体实力、核心竞争力和专业化发展水平。

（5）海外拓展例文。

中煤地质总局承制的《“一带一路”自然灾害风险地图集》亮相国际学术大会

近日，中煤地质总局煤航集团地图制印公司为中科院水利部成都山地灾害与环境研究所设计、编制的《“一带一路”自然灾害风险地图集》亮相“一带一路”防灾减灾与可持续发展国际学术大会。

“一带一路”建设事关我国长远发展战略，但沿线国家和地区基本都面临着严峻的自然灾害风险挑战。大量的境外投资与交通、通信、能源等重大工程可能受到自然灾害严重影响，面临巨大的灾害风险，严重威胁域内国家社会经济发展和我国境外投资安全。该图集以典型图、要素图、分区图、评价图、三维图、工程图、数据分析图表等多种形式，图文并茂地表现了“一带一路”自然背景与人文背景、承灾环境条件、自然灾害空间格局、重大自然灾害特征与典型案例、不同尺度灾害风险分析与评估等，是有效应对“一带一路”沿线国家和地区共同面临的重大自然灾害风险的重要研究成果。

《“一带一路”自然灾害风险地图集》编制，是中煤地质总局地图制印技术服务专业信息成果地图出版、服务“一带一路”沿线国家和地区的经济建设与协同减灾需求的又一力作。《图集》运用现代地图和空间数据表现方法，对“一带一路”自然灾害的环境背景、区域规律、重大自然灾害、承灾体、灾害风险以及最新资料进行系统综合和可视化地图表达，以生动、直观的方式集成最新成果，为科学研究和减灾防灾提供丰富、翔实、系统的基础资料和支撑技术，后续将在促进大数据、灾害风险数据及新兴技术等共享与应用，建设高效灾害信息共享平台等方面继续发挥作用。

（6）地勘新成果、新发现例文。

中煤地质总局探获我国最大富磷矿

近日，中煤地质总局下属中化地质矿山总局贵州院在贵州省开阳县新发现一处超大型磷块岩矿床，资源量超×××亿吨，为中华人民共和国成立以来一次性探获富磷矿资源量规模最大的勘查成果，对保障我国农业与粮食安全具有重要意义。

中化贵州院于2006年开始在开阳磷矿深部开展普查找矿工作，经过10多年的地质勘查，开阳磷矿洋水矿区东翼深部勘查项目已完成勘探工作，共施工钻孔40余万米，磷矿层分布范围近×××平方千米，平均厚度××米，矿石平均品位（P_2O_5）33.47%，属Ⅰ级品优质磷矿石，探明磷矿资源量××亿吨，最大控制深度×××米，磷矿层最低控制标高×××米。矿体连续性好，具有量大质优的特点，是我国近年来在磷矿资源深盲找矿工作中取得的重大突破。

据悉，开阳磷矿是国内唯一不经选矿即可直接用于生产高浓度磷复合肥和深加工的优质原料产地，与云南昆阳磷矿、湖北襄阳磷矿一起享有“三阳开泰”的美誉，是国内外著名的大型富磷矿基地，新发现的磷矿床位于开阳磷矿洋水矿区东翼，赋存于震旦系下统，属海相沉积型磷块岩。

（7）企业党建例文。

中煤地质总局党委深入开展
“不忘初心、牢记使命”主题教育集中学习研讨

自中煤地质总局“不忘初心、牢记使命”主题教育启动以来，全局各级党组织迅速行动，精心部署，不折不扣落实。总局党委成立5个巡回指导组，督导主题教育开展，并通过个人自学、中心组学习等形式，全面掀起主题教育学习热潮。7月1日至3日，总局领导班子成员围绕习近平总书记关于加强党的建设、全面从严治党的重要论述，全面深化改革的重要论述，习近平总书记党风廉政建设思想，以及关于马克思主义基本原理的重要论述四个专题，读原著、学原文、悟原理，结合当前各项重点工作任务，就如何全面加强总局党的建设、深化体制机制改革、实现高质量发展等交流心得体会，检视工作中的不足，探讨改革发展的思路。大家一致表示，要把学好当代中国马克思主义——习近平新时代中国特色社会主义思想作为共产党人的看家本领，坚定理想信念，坚持正确政治方向，提高战略思维能力、综合决策能力、驾驭全局能力，聚焦主业，优化产业布局，深化改革改制，以党的建设为引

领，着力发展新时代地质经济，推动总局健康、快速、高质量发展，不断提高职工获得感，让改革发展成果更多惠及全体职工。

（8）管理经验例文。

中煤地质总局合同管理系统开发完成

中煤地质总局航测遥感局通过需求调研、软件开发等工作环节，历时 6 个月，建立了覆盖全局的合同管理系统。该系统具备合同信息录入、所属单位内部评审、上报集团审查清查、合同台账管理、合同备案管理等核心功能，可满足各分公司内部评审流程与航测局法务工作部要求。该系统实现了合同审批的电子化和无纸化办公；系统按照航测局管理制度要求建设，实现了合同审批的标准化；系统详细记录各环节的审核信息，并以电子方式进行存档，实现了合同审批的痕迹化管理；通过与生产经营系统对接，完成了从合同审批、签订到回款的过程监控，实现了合同的闭环管理。

（9）社会责任例文。

中煤地质总局：第一批遥感灾害调查成果送到九寨沟抗震救灾指挥部

九寨沟地区“8·8”地震发生后，中煤地质总局所属航测遥感局立即行动，利用自己的专业优势，服务抗震救灾工作。目前，第一批遥感灾害调查成果已送到抗震救灾指挥部，并受到指挥部的高度肯定。

地震发生后，航测局遥感信息公司立刻组建遥感解译工作小组，迅速联系获取高分卫星 1 号、2 号数据，在灾害发生的第二天就获取了九寨沟地区的卫星数据。由于九寨沟地区震后出现阴雨天，云量较大，航测局利用自己的专利技术“一种薄云的遥感去除方法”，获得了较好的卫星影像，为遥感解译打下了良好的基础。第一批遥感灾害调查成果送到抗震救灾指挥部后，为抗震救灾起到了良好的决策支持作用。

本次地质灾害应急解译工作解译面积约 290 平方千米，解译地质灾害点共计 148 处，地震诱发地质灾害 84 处，震后扩大加剧地质灾害点 64 处。

（10）会议信息例文。

新时代地质勘查与生态文明建设论坛在京举行

6 月 24 日—25 日，由中煤地质总局主办的新时代地质勘查与生态文明建设论坛在京举行。总局局长、党委书记赵平致辞。来自有关部委专家，中国科学院、中国工程院的院士，中央企业、大专院校、科研机构、煤炭工业协会煤炭地质分会有关理事单位及全国煤炭（田）化工地勘单位代表汇聚北京，共研地勘单位改革发展良策，共商生态文明建设之路，共谋美丽中国建设大业。

本次论坛以“绿色、创新、合作、共赢”为主题，旨在以习近平生态文明思想为指导，宣传贯彻全国生态环境保护大会精神，凝聚绿色发展共识，奋力开创新时代生态文明建设新局面，为地勘行业转型升级、创新发展贡献智慧和力量。同时，通过科技创新，实现新时代地质行业的突破，构建“地质＋”平台，扩大地质工作的服务领域，谋求传统地质勘查工作为生态文明建设服务的新契机，做强做优做大国有资本。

3. 综合信息

报送综合信息，一是方便各单位间交流借鉴优秀工作经验，二是便于上级单位和领导了解改革发展中存在的重大问题、重要情况，并为制订下一步改革发展政策措施提供参考和借鉴。其主要工作是对收集得来的初级信息进行加工、整理，使之成为能够反映事物全貌、揭示事物本质的综合性、系统性信息材料，从中可更清晰地了解事物的来龙去脉和因果关系，从而得出更准确、更科学的判断。

综合信息一般分为两类，即经验类信息与意见建议类信息。

（1）经验类信息。此类信息较为常见，是指导作用较强的一类信息，不仅能反映工作的成果，也可为同类工作的开展提供借鉴，主要内容为在实践中创造出来的、对实践具有指导意义的做法和经验。行文中要做到有新意、有提炼、可借鉴。

【范例1】

中煤地质总局第一勘探局以创新为媒
保障复杂地区地勘项目施工质量

在马道头煤业公司矿井三维地震勘探项目中，中煤地质总局第一勘探局结合实际地质情况，通过多种科技创新方法，在短短70余天内完成了近23000个物理点，大幅提高了施工效率，为今后开展复杂地区施工积累了丰富的技术经验。该项目覆盖面达53平方千米，合同金额4544万元，是目前国内煤炭行业最大单一三维地震项目。

多措并举，创新施工技术。该项目范围内表、浅层地震地质条件复杂多样，存在着数十米的砾石层、连片的三北防护林、大面积的村庄聚集地、正在施工的太阳能光伏区等，对地震勘探获取高信噪比原始资料影响很大。针对困难，技术组创新工作方式方法，顺利完成勘探任务：一是采用试验分析方法，利用多种成孔设备打井，尤其在厚砾石层区对深孔塌孔的地震激发效果多次试验，经对比分析获取最佳数据；二是注重生态环境保护，在三北防护林内，通过提高动力和人力综合系统，改造钻井机械设备，在不砍伐树木的前提下保证了打井深度；三是结合信息化技术，在障碍物施工区域，利用独立开发的障碍物变观炮点软件，将实地踏勘的地表数据转换为数学模型，合理规划检波器布线和炮点打井位置及药量。

精益求精，创新分析措施。勘探区深部煤层构造复杂，断层、陷落柱、采空区和岩浆岩侵入等各种地质现象并存，对于后期资料解释是个极大的挑战。技术组通过对地质构造和数据的深入分析，确定了勘探区总体构造格架，采用人机联作的解释方式，利用 GeoFrame 智能解释系统，在波的对比和构造解释上首次采用双向拓频技术，同时与多种新型方法技术相结合，帮助解释人员从不同角度认识勘探区内构造，提高了解释精度。通过精细解释，最终查明了勘探区内 6 个大的断裂条带，解释断层 400 余条，陷落柱 30 余个，小窑采空区、无煤区和岩浆岩侵入影响区数个。在后期的钻探验证中，主采煤层 15 个见煤点的深度相对误差均小于 1.5%。

因地制宜，创新工作方法。为确保施工质量，一勘局还配置了现场处理工作站，保证对数据的实时监控，当发现获取数据质量变差时，第一时间分析原因，提出解决方案，并多次进行补充试验，避免了“施工时闷头干，有问题再返工”的传统工作方法弊端，在最大限度地保证施工质量的同时，大大降低了返工成本。

【范例 2】

中煤地质总局大力拓展“智慧产业”市场

为进一步加快转型升级，整合内部技术资源，结合外部市场需求，2018 年以来，中煤地质总局所属航测遥感局先后成立“智慧矿山”“智慧铁路”“智慧国土”“智慧北斗”4 家分公司，积极拓展业务领域，加快产业布局，尤其是智慧矿山和智慧铁路公司努力开拓蓝海市场，实现了新的突破。

一是致力“两化”融合，助力传统矿山转型升级。针对我国矿山数量庞大，矿山的生产效率、管理效率、安全效率提高迫在眉睫等情况，智慧矿山公司定位“智慧矿山信息技术研究、开发与应用等产品开发和技术服务”，业务覆盖智慧矿山软件系列开发、矿山地测服务、GIS 与行业信息化等领域。一年来，该公司开发出的智慧矿山综合集成平台、一张图管理系统、大数据云服务系统、三维地理信息系统、三维管控平台等软件产品，均取得了良好的社会效益和经济效益，目前已在陕西、河南省多家地方政府及能源企业得到应用。特别是该公司实施的“榆林市杨伙盘煤矿智慧矿山系统工程”项目，成果应用可明显减少煤矿生产安全投入，降低生产成本，投入使用 6 个月后为煤矿企业创造各种经济效益 2360 余万元；并在项目实施过程中获得了“一种基于 GIS 的矿山抢险救灾系统”等实用新型专利 4 项，“矿山三维地质可视化系统”等相关软件著作权 4 项。

二是瞄准轨道交通安全，积极开拓蓝海市场。智慧铁路公司在充分市场调研的基础上，将业务方向确定为以铁路相关的精密工程测量、安全监测、地理信息服务为主，面向轨道交通领域开展技术开发、专业技术咨询服务。该公司先后通过与中国铁路西安局集团有限公司多次沟通、交流，将业务拓展到高铁路外安全环境动态监测领域，为铁路运营部门提供测绘地理信息服务，及时发现铁路沿线安全环境问题，确保铁路运输安全。特别是在西安铁路局高铁沿线彩钢房摸排、建账、监测项目中，智慧铁路公司首先采用航空摄影测量建立本底数据库，摸清了高铁沿线彩钢房安全隐患的现状，建立了高铁沿线彩钢房地理信息管理系统；后期利用卫星遥感、无人机航测等技术方法进行动态监测，完成 5 期彩钢房隐患监测，并建立了以月为周期的动态监测机制，项目成果在高铁沿线彩钢房隐患整治工作中得到了充分应用。

目前，智慧铁路公司已经与上海铁路局、南昌铁路局、广铁集团进行了洽谈。这 3 家单位的运营高铁里程超过 1.1 万千米，超过全国高铁里程的 1/3，故智慧铁路公司的相关技术应用前景广阔。

【范例 3】

地质集团在矿山救援和灾害防治领域
科技创新成果喜人

2018 年，地质集团为适应矿业形势和地勘市场的变化，推动企业转型升级，落实总局“11410”科技发展思路，不断进行技术攻关研究，在矿山灾害防治与抢险救援领域创新效果显著。

大地公司作为重点发展矿山救援及灾害治理板块的专业公司，承担了国家科学技术部、北京市科委和总局的多个科研项目，在专利申请方面完成 1 项发明专利

（受理）和9项实用新型专利（授权）。目前承担的“大孔径应急救援钻孔施工技术研究”“煤系矿产绿色钻探技术研究”两项科研项目均已进入结题阶段。

“大孔径应急救援钻孔施工技术研究”是北京市科学技术委员会在公共安全与应急救援领域设立的成果转移转化项目。该课题针对矿山灾害发生后，救援人员无法实施井下靠近救援时，通过实施地面大孔径钻孔，运用救生舱或者其他升井设备将被困人员直接升井，达到救生目的。这一课题转化成实际应用后，将为矿山灾害救援提供一种全新的方法。

“煤系矿产绿色钻探技术研究”针对绿色勘查的需求，在分析总结国内外先进的绿色钻探理念、标准、工艺、体系的基础上，识别煤系矿产钻探施工的“非绿色因子”，研究使之向“绿色”转化的方法。这一方法将优化钻探工艺，建立一个涵盖从设计、施工至场地恢复全周期的煤系矿产绿色钻探工艺体系，最大限度地减少钻探施工对生态环境的扰动。

科技创新水平的不断提升，使地质集团在矿山灾害防治与抢险救援方面发展领域占据了有利位置，实现了由矿山灾害治理工程施工逐步向提供矿山区域治理规划、治理技术方案到承担相应工程施工的一体化服务方式，在打造矿山全生命周期、安全地质保障服务的道路上迈出了坚实的一步。这也是地质集团在新时代下始终坚持“科技兴企”发展理念，加快科技发展步伐的重要体现。

（2）意见建议类信息。此类信息是客观反映实际工作中存在的问题并加以分析，进而提出对策建议，为领导决策提供参考的信息，兼具问题导向和决策咨询的双重作用。一般情况下，对问题的解决应该提出建议，但也不要勉强——能发现好的问题，本身也有价值。在不指出问题的情况下，也可以就工作提出建议。要求反映问题客观，分析问题深入，提出的对策和意见要有创见性。

【范例1】

关于自然保护区内
退出矿业权的相关问题及建议

2017年7月5日，国土资源部（现自然资源部）印发《自然保护区内矿业权清理工作方案》，对各类保护区内矿业权（简称矿权）开展清理工作。与此同时，河南、湖南、青海、内蒙古、广西、宁夏等省（区）也纷纷出台文件，严禁新矿权进入自然保护区，已设立的矿权也要全部退出。

矿权，是指按照国家有关法律规定，经申请人申请，矿业权登记管理机构批准并办理登记后，矿权申请人依法获得的勘查、开采矿产资源以及其他与此相关资源的权利。矿权的价值是矿权人在法定的范围内，经过资金和技术的投入而形成的，依法受到保护。

自然保护区内矿权退出有着重要的时代背景。特别是党的十八大确立“五位一体”总体布局，把生态文明建设放在突出地位以来，矿产资源开发和环境保护的矛盾越来越凸显。在生态优先的新形势下，探矿和采矿行为全面退出自然保护区已是箭在弦上，不得不发。但是，就中煤地质总局近年来处置矿权退出自然保护区的经验而言，还面临着问题重重、困难重重的窘境。

一、自然保护区矿业权退出存在的问题

1. 保护区边界不清

从20世纪80年代至今，中国自然保护区的数量迅速增加，类型日益丰富，面积显著扩大。在保护区建设取得长足进步的同时，问题也相应增加。部分地区为争取上级财政补贴，在没有经过科学论证的情况下，随意申请划定自然保护区；有的因为各种创建活动，过分追求保护区面积的增加，等等。最终，这些行为导致部分自然保护区边界范围不清楚和功能规划分区不明确，这和矿权退出自然保护区息息相关。因为矿权退出自然保护区必须界定两个问题：一是要界定矿权是不是在自然保护区范围内，二是要界定矿权是不是在自然保护区的核心区和缓冲区范围内。根据《自然保护区条例》等法律法规规定，核心区、缓冲区内禁止开展任何开发建设活动，建设任何生产经营设施；在实验区不得建设污染环境、破坏自然资源或自然景观的生产设施。

2. 退出过程繁琐冗长

退出自然保护区矿权，意味着将证照吊销，即需要矿权人主动注销矿权，而现实是矿权人大多抱着“能拖则拖”的心态，主动申请注销的比率较低。此外，部分矿山企业在强制关停后，未开展矿山环境恢复治理和土地复垦工作，这就造成退出过程复杂冗长、久拖不决。

3. 退出方式存在“一刀切”

根据部分省份的相关政策规定，自然保护区矿权的退出仍存在“一刀切”现象，即不论采矿权还是探矿权，只要位于自然保护区范围内，一律限期全面退出。

同时，自然保护区内严禁新设矿权。这意味着只要是在保护区内的矿权都必须全部退出，不分探矿权和采矿权，不考虑自然保护区在功能定位等方面的不同。

4. 补偿机制不健全，退出成了“独角戏”

由于自然保护区矿权退出的行政补偿没有原则性规定，对补偿标准也没有明确表述，只能从矿产资源的公共利益角度理解，即矿产资源被征收征用。因此，自然保护区矿权的退出成了行政机关强制要求后的“独角戏”。

由于补偿主体主要是县级政府，补偿能力不足，且在原来收到的矿权出让费用中，县级政府获取的比例很低，从给予补偿的动因上看，其主动性也不强；同时，要想获得补偿，矿权人需要与县级政府进行协商并签订补偿协议，很难对等谈判，难以取得预期效果。在谈判过程中，矿权人面临着探矿或采矿活动不能开展、有关费用需要持续缴纳、单位损失持续发生的多重难题，包袱及负担极其沉重。

补偿机制的不健全，还往往导致先进行矿权清退工作，而补偿收益却遥遥无期。在补偿金额的确定中，具体测算依据、测算方式、测算内容均不明确，造成补偿标准差异化，致使矿权人利益受损、协商难度大，矿权退出工作受阻。

二、对于自然保护区内矿权退出的建议

1. 重新审核保护区边界

一是建议对自然保护区的范围和界线由批准建立自然保护区的人民政府确定，并标明区界，予以公告。二是建议在划定自然保护区的范围和界线时，应当兼顾保护对象的完整性和适度性，以及当地经济建设和居民生产、生活的需要，同时对以往设定的保护区重新审核确认。

对边界范围和功能分区明确的自然保护区，所有矿权可一律退出。对边界范围和功能分区不明确的自然保护区，可在重新考量、科学论证后，合理缩小保护区范围，使部分采矿权合法化，重新登记矿权，实现“该退则退”“该采则采”。

2. 完善相关法律法规

《矿产资源法》《自然保护区管理条例》等法律法规中虽已明确规定了自然保护区等区域禁止开展挖沙、开矿等活动，但在实际工作中仍存在政策不清、制度不明的状况。

建议从国家层面出台完善相关制度办法，制订好工作的原则、方法和要求，让退出工作有法可依。

3. 建立行政补偿制度

矿权人在前期勘查和矿山开发基本建设中投入较大，政府应结合实际出台相关补偿清算标准，完善机制，委派相关部门核定或委托专业机构进行审计、评估，在综合平衡、统筹考量后，对其进行补偿。另外，还要跟进补偿落实情况，制订时间节点和任务方案，使补偿工作落实到底、落实到位。在退出过程中，因政府原因导致利益受损的矿权人，可在财税政策上给予减值等政策处理，以增加企业活力。

4. 矿权人和地方政府按责承担相应义务

矿权人在退出自然保护区、获得政府补偿的同时，也应履行相应的义务，比如造成地质环境损害的应当履行恢复治理矿山闭坑等的相关义务等。地方政府要本着"谁破坏谁治理，谁受益谁治理"的原则要求，对于非矿权人造成的破坏，属于历史遗留问题的应该由政府组织实施生态环境治理并承担相关费用。这需要各方对矿区内环境破坏情况进行综合分析，按责承担。

【范例 2】

我国煤层气产业发展存在的问题及建议

煤层气（煤矿瓦斯）是赋存于煤层及煤系地层的烃类气体，是一种与煤炭共生的非常规天然气，主要成分是甲烷，1 立方米煤层气的热值约相当于 1.13 千克汽油、1.16 吨标准煤，其热值与天然气相当，是一种非常洁净的气体能源。我国是煤炭资源大国，煤层气与煤伴生，煤层气资源总量丰富，埋深 2000 米以浅的煤层气总资源量为 ××× 万亿立方米，居世界第三位。

一、加快煤层气开发的重要意义

一是有助于缓解我国对进口天然气的依赖。国际能源署日前在上海发布《天然气市场报告 2018》，其中提及，2017 年，中国天然气需求增长了 15%，约占全球增长的 1/3。预计到 2019 年，中国将成为全球最大的天然气进口国。目前，地缘政治及贸易摩擦对石油天然气的影响越来越大，加快煤层气开发利用将有利于改善天然气紧缺情况，缓解我国对天然气进口的依赖现状。

二是维护能源安全、优化能源消费结构。我国能源消费结构不甚合理，煤炭占比过大、天然气等清洁能源所占比重过低。我国煤层气资源量占全部天然气资源量的 ×××，但 2016 年煤层气消费仅占我国能源消费总量的 ×××。煤层气作为我国天然气资源的一个重要组成部分，是最为丰富且现实可采的天然气资源，大力开采煤层气有助于解决“气荒”及对国外能源依赖较重等现实问题，对实现科学、绿色、低碳能源战略具有重要作用。

三是保障煤矿生产安全，遏制资源浪费。开采煤炭，如果不提前将煤层气抽采（地面抽采）或在煤矿井中抽采，一方面煤层气将自然排放，形成资源浪费；另一方面煤层气（煤矿瓦斯）还是煤矿安全的“第一杀手”——在我国煤矿一次性死亡10人以上特大事故中，瓦斯事故占到×××以上。

四是有助于推进生态文明建设。煤炭开采活动排放甲烷占全国总甲烷排放量的×××，是继农业活动、废弃物处置之后的第三大排放源，煤层气的温室效应是二氧化碳的21倍。开发利用煤层气，对减少温室气体排放、改善大气环境方面具有重要意义。

二、现阶段我国煤层气产业发展存在的问题

“十二五”以来，我国煤层气产业发展取得了一定进步，煤层气勘探开发利用规模快速增长，全国新钻煤层气井及新增煤层气探明地质储量均有所增加，煤层气输气管道建设取得进展。但现阶段，煤层气产业发展仍存在诸多问题，主要表现为：

一是煤炭与煤层气矿权分置。同一空间、同一矿产地质载体配置给了不同的权利人，影响了煤炭与煤层气的协同开发，不同利益体的冲突时有发生。企业开发煤层气的积极性不高，矿井抽采瓦斯也是安全生产要求的无奈之举，由于利润率低甚至“无利可图”，“弃气采煤”现象普遍，煤炭企业更加喜欢煤炭投资上的“短平快”。拥有煤层气探矿权的几家大油气企业，也经常“圈而不探，探而不采”。

二是产业政策及配套措施不完善。国家对于煤层气开采的优惠政策不足，对矿井瓦斯开采利用没有优惠政策支持，导致地方及相关企业对开发煤层气的积极性不高。

三是对煤层气勘探开发重视程度不够。我国煤层气勘探目前还存在投入偏少、资源保障程度低、研究程度低等问题。煤层气累计钻井数约仅为×××口，实际开采数量不足×××口，远少于美国、加拿大，与我国煤层气资源量世界第三的位置不相匹配。同时，煤层气资源探明率低，煤层气基础地质研究程度也较低。

四是煤层气开发技术亟待突破。煤层气产业存在单井产气量低、总产气量不高的问题。我国煤层气地区分布差异较大，××××等工艺技术，无法适应现有开采与利用的要求。

五是煤层气专用管网规模小且分布不均衡。煤层气难以与常规天然气共同使用天然气管道进行长距离运输。煤层气产业自有管网基础设施建设还很薄弱，管道短、管径小、分布碎、不均衡，煤层气集输技术不成熟、方式仍不丰富。

三、实现煤层气产业突破的建议

一是在国家政策与管理方面，建立并完善煤与煤层气协同开发机制，协调国家、地方、企业的利益关系，调动各方面积极性，借鉴页岩气勘探开发模式，将煤系气（含煤层气）作为一个资源整体，统一进行勘探开发规划。

二是优化产业相关配套政策措施。建议出台××××的相关政策，推动煤与煤系气资源协同开发，形成规模化效应。

三是完善产业投资模式。推广××××机制，吸引多元化资本进入产业。同时，制订××××的投资政策，拓宽煤层气开发区块范围。

四是组织相关企业攻关煤层气产业突破的适用技术，制定产业新的突破方向，建立标准示范区勘探开发模式。同时，建设国家层面的煤与煤层气（煤系气）创新平台，加大煤与煤系气科技攻关力度。

四、保密工作

（一）保密工作的含义

秘密是指在一定时间内只限一定范围人员知悉的事项。按性质来分，秘密可分为国家秘密、商业秘密和组织内部秘密；按等级来分，秘密可分为绝密级、机密级、秘密级和内部级；按存在的形式来分，秘密可分为文献类、物体类、声像类、电子类的有形秘密和口头类、技术类的无形秘密。

将秘密控制在一定时间和范围内称为保密。保密工作是指特定组织及其成员为达到保守组织秘密的目的所采取的一切手段和措施。

（二）保密工作的内容

保密工作是一项系统工程，其内容包括制订保密法律、法规以及组织内部相应的保密规章，建立保密机构，开展保密宣传教育，研制开发和应用保密技术，进行保密检查督促，查处泄密事件，开展保密理论研究等方面。

（三）保密工作的基本要求

1. 加强领导，健全机构

（1）建立保密工作委员会或相关领导组织机构。

（2）根据工作需要，及时调整和健全保密工作委员会或相关机构。

（3）建立起领导责任制及其相关保密工作体系。

2. 依法管理，完善制度

（1）专项保密制度。

（2）员工保密培训制度。

（3）保密工作定期检查制度。

（4）泄密责任追究制度。

（5）保密工作总结表彰制度。

3. 积极防范，突出重点

（1）从秘密的等级来说，重点是绝密级。

（2）从秘密的分布来说，重点是秘密相对集中、秘密等级高的部门和部位。

（3）从掌握秘密的人员来说，重点是接触秘密较多的领导人员，秘密所在的要害部门（部位）的工作人员以及经管秘密的专职人员，新入职涉密人员应填写涉密岗位确定审批表（表3-1），涉密人员岗位、所涉密级发生变更应填写涉密人员岗位和密级变更审批表（表3-2）或涉密人员脱离涉密岗位审批表（表3-3）。

4. 既确保秘密，又方便工作

（1）确定秘密范围要准确。

（2）确定秘密等级要合适。

（3）确定秘密期限要合理。

（4）变更密级和保密期限要及时。

5. 应用技术，严防窃密

用技术手段进行保密是在信息化环境下必须予以重视的一项工作。

（四）保密工作的注意事项

1. 文件保密

（1）及时定密。

（2）严格审核与签批。

（3）做好秘密标志。

（4）把好缮校关。

（5）严防传递和运转过程失密。

（6）规范保管和翻印。

（7）定期清退密件。

（8）严格文件的销毁管理。

表 3-1　涉密岗位确定审批表示例

涉密岗位确定审批表	
部门名称	
涉密岗位名称	
涉密岗位职责	
拟定涉密岗位等级	□核心涉密岗位　□重要涉密岗位　□一般涉密岗位
所在部门意见	签字：　年　月　日
保密办意见	签字：　年　月　日
人事部门意见	签字：　年　月　日
分管领导意见	签字：　年　月　日
保密委意见	签字：　年　月　日

表 3-2　涉密人员岗位和密级变更审批表示例

涉密人员岗位和密级变更审批表

姓　名		原部门			
原岗位		原涉密等级		原岗位 工作时间	
现部门		现岗位及 涉密等级			
变更原因					
原部门意见	签字：　　年　月　日				
现部门意见	签字：　　年　月　日				
人事部门意见	签字：　　年　月　日				
保密办意见	签字：　　年　月　日				
分管领导意见	签字：　　年　月　日				
保密委意见	签字：　　年　月　日				

表 3-3　涉密人员脱离涉密岗位审批表示例

涉密人员脱离涉密岗位审批表

离岗原因			去向		
涉密岗位名称		涉密岗位等级		涉密岗位 工作时间	
离岗原因			去向		
脱密期	从　　年　　月起，至　　年　　月止。				
执行方式及地点					
所在部门意见	签字：　　　　年　　月　　日				
人事主管部门意见	签字：　　　　年　　月　　日				
保密办意见	签字：　　　　年　　月　　日				
分管领导意见	签字：　　　　年　　月　　日				
保密委意见	签字：　　　　年　　月　　日				

2. 会议保密

（1）场馆保密。

①不对外公开会议地点；

②选择具备保密条件的场馆举行会议；

③做好会场基本设施的保密；

④会后及时清场保密。

（2）会议文件保密。

所有文件列入保密范围，并实行严格的签收制度，会后及时清退需要清退的文件。

（3）器材保密。

①实行专人管理和使用；

②会前对使用的器材进行防窃密、防泄密检测。

（4）时间保密。

（5）人员保密。

①限定参会范围；

②严格入场检查制度；

③严格履行签到手续。

（6）传达和宣传保密。

3. 新闻宣传保密

（1）在对宣传内容是否需要保密没有把握时，应交保密部门进行保密审查，并由负责保密工作的领导人审核签发。

（2）涉及秘密事项的新闻或宣传文稿，应做适当的技术处理，如采取删节、隐去等保密措施，既保持文稿的完整性，又不泄露秘密。

4. 通讯保密

（1）电话通讯保密。

（2）传真通讯保密。

①传送和接收秘密级和机密级文件应当使用具有保密功能的传真机；

②绝密级文件不得使用传真机传递或接收；

③文件传真后，应取回原件保存，不要遗忘在传真机上；

④带有图像记忆功能的传真机，在传递或接收秘密文件后，要删除图像，以防止他人复制。

（3）电报通讯保密。

5. 使用办公设备保密

（1）使用复印机保密。

①复印秘密文件的复印机要放置在机要室，由机要人员专用；

②使用公用复印机复印内部文件时，应避免他人在场；

③使用具有图像记忆功能的复印机后，应立即删除自动保存的图像；

④复印后，应将原件取回保存；

⑤损坏的废纸要立即投入碎纸机粉碎，不得再次利用。

（2）使用录音、照相和录像设备保密。

①使用录音、照相和录像设备记录秘密会议或文件，要事先征得领导同意；

②涉密的音像记录载体要按其密级同秘密文件一样保管。

（3）使用计算机保密。

①计算机显示屏放置要隐蔽，不要直接对着门窗或通道；

②离开计算机时，要关闭系统；

③涉及绝密事项，不得使用计算机传递；

④用计算机打印秘密文件时，应确保周围环境的安全；

⑤存有秘密信息的计算机应当专人专用，秘密数据要用密码保护；

⑥存有秘密信息的光盘、U 盘、硬盘要标有密级标志，并保存在安全的地方，不得随便携带外出；

⑦涉密计算机不得连入外网，不得使用移动设备；

⑧涉密计算机与非涉密外网机之间不得用 U 盘交换资料。

五、外事工作

（一）出国（境）事项管理

（1）总局行政主要领导主管总局外事工作，总局外事办公室对全局外事工作归口管理；所属单位外事工作由本单位行政主要领导负责。未经授权，任何其他部门或个人不得审批外事工作。

（2）外事工作坚持“外事无小事，事事需请示”原则。各单位应设立外事办公室并有专人负责外事工作，在涉外活动中如有不明确问题，应通过外事办公室及时向行政主要领导请示。

（3）因公出国（境）执行任务应持因公护照，不得使用因私护照出国（境）执行公务。

（4）直属单位人员出国（境）执行任务，一般需提前 40 个工作日（赴美国需提前 60 个工作日）向总局上报书面请示，由总局外事办公室按程序报批。

（5）组团单位和派出单位应事前通过内部局域网、公开栏等如实公示有关团组和人员信息，公示期限原则上不少于 5 个工作日，内容包括团组人员姓名、单位和职务，出访国家、任务、日程安排、往返航线，邀请函、邀请单位情况介绍，经费来源和预算等。出访请示中须注明公示情况。

（6）出访团组成行前，组团单位外事办公室须采取集中形式对团组全体人员进行行前教育。行前教育要深入具体，不能流于形式。

（二）出国（境）报批程序

出访团组按本单位团组和参加外单位团组两类进行审批，办理流程可参见图 3-2。

1. 本单位团组

本单位需先行审核，在拟定出访任务、时间、人员、经费、路线等事宜后，及时向总局提供下列所需文件材料。

（1）出访请示。包括团组全体人员的姓名、单位和职务，出访国家、任务、日程安排、往返航线，邀请函、邀请单位情况介绍，经费来源和预算等事项。

（2）对方邀请函（原件）及译文。

（3）执行合作项目的合同书和协议书（复印件）。

（4）外单位派员参加总局跨部门组团出访者须有该单位行政主要领导签字同意并加盖单位印章的证明函。

总局外事办公室接到出访请示，根据有关规定对出国任务、出访人员身份、出访时间等所提供材料的完整性进行初审，征求有关分管领导和部门意见后提出审查意见，呈行政主要领导审批。经行政主要领导签发后，由总局外事办公室办理“出国、赴港澳任务批件”（以下简称“任务批件”）。

2. 参加外单位团组

应邀拟派员参加其他部门、单位团组出访时，须向总局外事办公室提交出访请示，经行政主要领导批准后，由总局外事办公室办理同意随团出访的文字材料交送组团单位。各单位在接到组团单位外事部门“出国、赴港澳任务通知书”（以下简称“任务通知书”）后，应及时向总局外事办公室提供“任务通知书”（原件）和“任务批件”（复印件）。

总局外事办公室根据有关规定，对所提供的文件材料进行初审，征求有关分管领导和部门意见后提出审查意见，经行政主要领导审批后，由总局外事办公室办理“出国、赴港澳任务确认件”（以下简称“确认件”）及护照事宜，并将“确认件”及护照送交组团单位办理签证等事宜。

应邀参加其他部门、单位团组的出访事项，未经总局同意不得直接将出访名单送达组团单位。拟应邀参加其他部门、单位团组的出访人员，不得由组团单位代行申办护照。

申请组织双跨（跨地区、跨部门）团组出访，须事先征得有关地区或部门同意，然后向总局外事办公室提交所需材料。非总局及所属单位出访人员的审查及护照申办由其所在地区或部门负责；由总局组团办理签证时，参加总局组团的外来人员须由其所在单位提供“确认件”原件、“备案表”原件及本人有效护照及照片等相关资料。

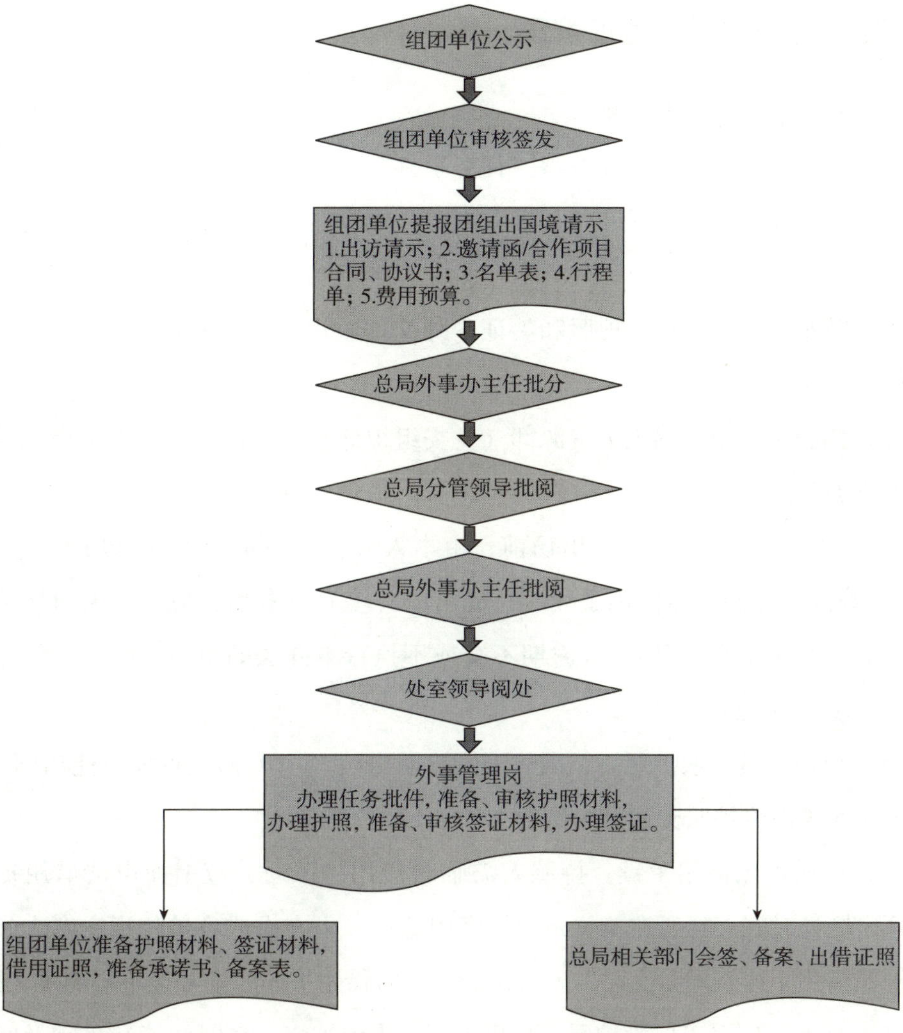

图 3-2　组团出国（境）办理流程图

（三）归国（境）事项管理

团组和个人出访，完成出国（境）任务后，应在 7 天内将护照交还人力资源部（党委组织部），同时于一个月内将出访总结报告及出访取得的重要文件资料等一并交由组团单位或派出单位，同时抄送外事部门。出访总结报告主要内容包括出访的基本情况、任务完成情况、下一步工作计划、存在问题及经验体会等。

（四）因公护照、签证管理

（1）护照、签证申办事项。

①因公出国（境）人员在取得“任务批件”后，申请办理护照、签证等事项；

②因公出国（境）护照和签证事宜由总局外事办公室及派遣出国单位指定专人协助办理；

③总局外事办公室办理护照和签证，外交部收取的有偿代办外国签证手续费，由派出单位支付。

（2）因公护照由总局人力资源部（党委组织部）统一保管，个人不得私自保管本人因公护照。

（3）因公出国（境）人员出访前，由本人或单位指定专人到总局人力资源部（党委组织部）办理护照借用手续。完成出国（境）任务后，应在 7 天内将护照交还人力资源部（党委组织部）。逾期不交或不执行本办法的单位和个人，总局暂停其出国（境）执行公务。

（4）出访人员领取护照后，因故未能按期出国（境）而且近期不能出国（境）时，须在 5 天内将护照交还总局保管。

（5）严格护照借用手续。持照人需临时借用护照时，应书面申请借用护照目的、预定交还时间，经所在单位领导签字同意后，由本人或各单位指定专人到总局办理护照借用手续，同时交存本人身份证。临时借用护照时间一般不得超过 7 天。

（6）持照人应妥善保管护照，如果护照丢失或被窃，在国（境）外须及时向我驻外使领馆报告，在国内须及时向所在单位和总局报告，说明丢失、被窃经过，并写出书面检查。总局视情况及所造成的后果，报请上级主管机关挂失并按规定处理。

（7）持照人应正确、合法使用护照，不得将本人护照转借他人。如有违反，视情节严肃处理，直至申报注销护照，并按国家有关规定追究其责任。

（8）总局定期对过期、失效护照进行注销，并报外交部领事司备案。

（五）出国（境）注意事项

（1）出访人员须严格遵守国务院发布的《涉外人员守则》（国发〔1992〕5 号）和有关法律法规。在外事活动中应不卑不亢，讲究文明礼貌，注意服饰、仪容，不得损害国家、部门、单位的安全、利益和声誉，不得越权处理涉外事项。

（2）出访人员必须严格执行国家和总局有关规定，奉公守法，不得借工作之便牟取私利，不得同外方进行私人之间的承诺和其他交易。

（3）出访人员在境外期间不得有违反中央八项规定的行为，不得借境外工作之机到风景名胜区变相旅游。

（4）在境外执行公务期间，要严格执行在国内确定的出访计划，不准擅自变更出访路线、地点或延长境外停留时间。特殊情况须事先向总局外事办公室报告，在征得行政主要领导同意后方可变更出访事项。

（5）增强应急应变意识，注意防范反华敌对势力的干扰、破坏，避免与可疑人员接触，拒绝任何可疑信函和物品。不准前往涉及反动、色情、赌博等场所，不准在下榻住所观看淫秽电视、录像等。

（6）出国访问涉外人员应严格遵守《中华人民共和国保守国家秘密法》，在涉外活动中坚持内外有别，保守国家机密，防止失、泄密情况发生。

（7）严禁携带涉及国家秘密和涉及部门、单位利益的商业秘密等未公开事项的各类载体文件、资料和其他物品进入外国使领馆、外国人公寓、外商办事机构和其他涉外场所。

（8）严禁邮寄和非法携带国家秘密文件（包括出国审批文件和涉及保密内容的各种载体）与资料出境。如确因工作需要携带出境时，须经总局审批并办理相关手续。严禁将档案材料、应归档科研中间资料及研究成果邮寄和携带出境，切实做好知识产权保护工作。

（9）实行责任追究制。在境外期间，团组成员必须服从团长或负责人的领导。团长或负责人负责管理和督促团组成员遵守各项外事纪律。除对发生违规违纪违犯外事纪律行为的当事人进行严肃处理外，还将根据情节追究团长或负责人的责任，以及派出单位负责人的责任。

（10）各单位应加强对本单位外事活动的监督检查。对违反外事工作方针政策、外事纪律和外事工作规章制度的现象，要及时报告总局。总局外事办公室会同纪检监察部门认真查处、监督纠正。对情节严重、影响恶劣者，应按照规定给予党纪政纪处分；对涉嫌犯罪的要移送司法机关依法追究刑事责任。

六、督办工作

督办工作主要指督办落实上级部门、总局和总局党委文件部署安排的工作、会议决议、领导批示、指示等事项，是办公室的主要职责之一。督办过程中，一般采取“谁主办谁落实”的工作原则，主办部门要明确督办落实事项工作目标、具体要求、时间进度，并明确具体督办人员，责任到人。

督办落实工作要做好督办记录，并及时报告和反馈督办落实事项进展情况。督办过程中，要严格执行保密制度，不得随意泄露机密事项的承办过程和办复结果。

（一）建立健全督办制度

（1）专人负责制度。督办工作要按照专人负责的原则，做到件件有落实，事事有部门承办，结果有反馈。

（2）检查制度。在督办工作过程中，办公室要根据不同工作内容运用不同的形式，对被督办单位或部门的工作进展情况和落实情况进行普遍检查和重点抽查。

（3）情况通报制度。定期或不定期对各单位、各部门落实上级和总局重大决策、重要工作部署以及重要批示的办理情况，在一定范围内进行通报。对落实好的予以表扬，加以推广；对不足之处，及时指出，督促改进；对落实差的，要进行通报批评。

（二）督办的主要方式

（1）电话询问。

（2）发函询问。

（3）召开会议。

（4）实地督办。

（三）督办的基本方法

（1）查阅有关资料。

（2）掌握有关情况。

（3）科学选择督办项目。

（4）围绕中心工作搞好督办。

（5）认真做好总结反馈。

（6）抓好对重点、难点、热点工作的督办。

（四）督办的工作要求

（1）相关工作人员要以认真负责的态度，做好督查督办工作。

（2）应本着实事求是的原则和一丝不苟的精神，深入调查研究，及时、全面、准确地了解和反馈有关情况，并对涉密事项严格保密。

（3）督办过程中，工作人员要加强与被督办部门之间的沟通与联系。对涉及多个职能部门的事项，部门之间有意见分歧不能解决时，应做好协调工作。

（4）凡列入督办的事项，都应当有明确的督办结论；凡未按时并保质完成的工作，应如实向主管领导汇报以便作出决策，并责成有关部门限时完成。

（五）督办的工作流程

（1）拟办：在作出重大决策、重要工作部署之后，或在接到总局领导的指示、交办事项之后，办公室要及时提出拟办意见。拟办意见包括责任部门、承办时限和工作要求等。其中，对于重大和复杂事项，在提出初步拟办意见后，应征求有关方面的意见，在责任部门认可的情况下，报领导审定。

（2）立项：办理意见确定后，即可登记立项并建立台账，以备查阅。立项要坚持“一事一立”的基本原则，一个工作部署或一项决策，立为一项。

（3）催办：为及时了解督办事项的运行情况和办理情况，办公室应适时加以催办查办，同时积极协助责任部门解决工作中遇到的困难。

（4）办结：责任部门在工作任务完成后，应及时回复办理情况。办公室将对回复情况进行检查，按照交办时所提的要求，对不符合交办要求的，要退回补办或重办；对符合交办要求的，呈报领导阅知。

（5）反馈：督办任务完成后，要按照事事有结果、件件有回音的原则，及时向批示领导报告结果，做到批必办、办必果、果必报。

（6）归档：督查事项办结后，应将各种有关的文字材料，包括领导批示、办结报告、检查反馈等，整理归档。

整个督办工作流程可参见图 3-3。

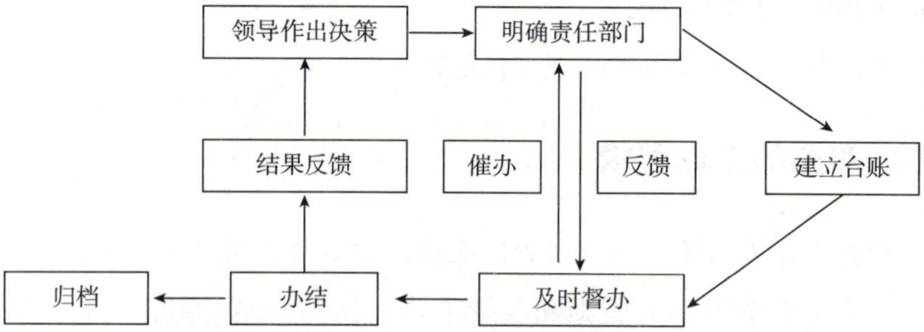

图 3-3　督办工作流程图

（六）“互联网 + 督办”

当前，企业信息化建设飞速发展，智能化、自动化的工作理念不断涌入企业生产经营各环节，信息系统平台的广泛应用，将为督办工作信息化提供良好的基础。通过企业 OA 系统，开发“督察督办”模块，将督办任务下达、督办计划制订、实施过程反馈、督办变更、结项申请等各项流程全部纳入平台，形成网格化的严密工作体系，构建了一体化督办工作平台，实现“互联网 + 督办”工作新格局。

（1）党的督促检查工作。推动党的理论路线方针政策贯彻执行和党中央决策部署贯彻落实，并将上级党组织有关要求纳入重点督办督查工作范围。

（2）督办工作，督促检查总局重点工作的落实，推动总局重大决策和重要工作部署的贯彻落实，以及党政主要领导对上级文件所作批示的贯彻落实，提高总局工作的执行效率和执行水平。

（3）督查工作，督促检查总局各部门职责范围内的事项或常规性工作事项，以及各直属单位职责体系、制度体系、流程体系建设，推动职工关注的热点难点问题的研究落实，提高总局工作的规范化和科学化水平。

七、接待工作

（一）一般程序

1. 接待准备

（1）掌握来宾的基本情况，包括人数、姓名、性别、年龄、民族等。

（2）根据来宾的实际情况，拟定接待方案。

（3）确定领导会见来宾的时间和场所。

（4）确定参观考察活动的时间和地点。

（5）做好接待工作的预算方案。

2. 正式接待

正式接待流程一般可分为以下步骤：安排接站、安排食宿、安排车辆、安排参观、安排订票、安排送站。

3. 善后总结

（1）提前告知来宾所在单位其来访者回程所坐的车、船或飞机的班次、时间，以便于对方及时接站。

（2）做好接待费用的财务报销工作。

（3）把接待中所形成的文件和材料收集齐全，并做好必要的立案归档工作。

（4）做好接待总结，查找不足，以便不断提高接待水平和质量。

（二）接待要求

正式接待的要求是准备充分、规格相当、确保安全。

（三）会见的组织与安排

（1）明确目标和议题。

（2）确定会见规格。

（3）确定会见陪同人员。

（4）安排会见时间。

（5）选择会见地点。

（6）联系和通知好所有参与会见的人员。

（7）布置好现场，包括座位安排、国旗、扩音设备和茶水等。

①座位安排。一是确定座位的排列形状。按照总局会见组织惯例，可根据会见的性质、参加的人数、会客厅的结构和设施条件，将座位排列为弧形、圆形、椭圆形、马蹄形、直角形、T 字形和长方形等。二是确定座次的排列。会见时，应当按照国际惯例做好座次的排列。

②国旗。若涉及涉外会见，且身份相同时，可在宾主就座的两侧放置两国的国旗。

③扩音设备。会见人数较多，会客厅较大时，应安装扩音设备，供主人和主宾讲话时使用。

④茶水。一般应询问客人喜欢喝什么茶。人数较多时，也可直接提供备好的茶水。

（8）迎候。

（9）合影。

（10）送别。

（11）整理会见文件。

（四）会谈的组织与安排

（1）明确会谈目的。

（2）确定会谈主题。

（3）收集和分析信息。

（4）确定参加人员。

（5）确定会谈的时间和地点。

（6）通知对方。

（7）安排好会谈现场。

（8）做好迎送和合影工作。

（9）整理会谈文件。

八、值班工作

值班是各级机关单位的一项重要日常工作，为领导同志处理紧急、突发事件和重要事项做好服务，发挥着“承上启下、上传下达、下情上报、联系左右、沟通内外”的重要作用。

需要值班时，应按照值班流程做好安排，方便工作（见图3-4）。

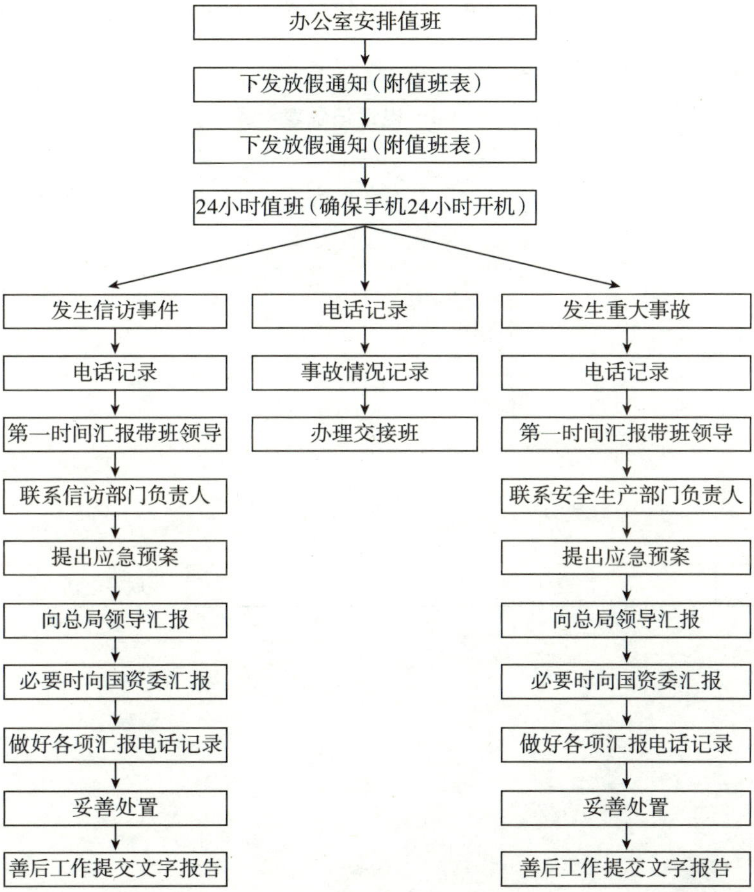

图3-4　总部值班流程图

（一）主要任务

（1）办理领导交办的事项。

①传达临时性会议通知；

②查询有关部门的某项批示或交办事项的完成情况；

③做好各种接待来客来访的工作；

④向有关人员传达领导交办的事情。

（2）处理信息，上传下达、沟通内外。

（3）认真处理来电、来函和各种文件。

（4）负责安排值班人员并做好值班记录。

①做好值班电话记录（见表3-4），主要包括来电时间、来电单位、来电人员姓名、电话号码、来电内容等；

表3-4 电话记录表

单位（部门）：				时间：	
请________阅示：					
来电单位		姓名		联系电话	
记录内容：					
记录人：				电话：	

②做好值班接待记录，主要记录来访人员的姓名、单位、身份、证件号码、来访事由、接待部门、联系方法等内容；

③记好值班日志，将当天的来电、来函、来访所反映的情况和处理情况，以及领导的重要活动、交接班的情况认真记录，使接班人员保持工作的连续性。

（5）掌握领导日程安排及外出情况。

（6）协调好安全保卫工作。

（二）接待来访客人的具体程序

（1）热情礼貌地给来客让座、倒茶。

（2）友好地问清楚客人的来意和身份。

（3）根据实际需要安排来客的住宿。

（4）通知在单位的负责人看望来客。

（5）向来客征求意见，安排活动日程。

（6）请示领导后安排来客的活动和招待事宜。

（三）处理特殊事件的方法和技巧

对于值班时发生的突发性事件或紧急情况，应该做到恰当处置。

（1）做好电话记录，准确了解具体情况，并在第一时间向带班领导汇报并与安全生产部门或信访部门联系。

（2）按照带班领导指示进行初步处理。

（3）根据事态发展情况，及时向主要领导报告。同时，酌情确定是否向上级部门总值班室或其他有关部门，以及当地政府有关部门报告。如果电话汇报，需做好电话记录。

（4）按照主要领导和上级部门值班室指示精神妥善处理，或积极主动配合协助有关部门处理工作。

（5）认真做好善后工作，并写出文字报告报总局和有关部门。

九、印信管理

（一）印章管理

1. 用印程序

（1）正常行文等程序用印，可直接到机要秘书处正常用印。

（2）非程序用印，需线上由经办人提交“非涉密用印申请单”，并经权限审核人批准后，方可用印。

（3）盖用职能部门的印章，须由本部门主要负责人审核签名批准，方可用印。

（4）用印时应当确保实际盖印的文件与“非涉密用印申请单”上的文件名字完全一致。不得在空白的公文纸上或空白的介绍信上盖印。

2. 印章的位置

（1）正式公文只在文件落款处加盖公章，加盖单个印章时，应上不压正文，下骑年盖月；加盖两个以上印章时，分别对齐机关标识，两印不相切。公章一律用红色，与正文或附件标志的距离不能超过4mm。

（2）加盖印章应图案端正，痕迹清晰。忌讳重印（即第一次加盖痕迹不够明显，再次加盖）；严禁在空白纸上盖印；严禁在没有正文的页面盖印；除文件外的多页文件，务必加盖骑缝章。

（3）带存根的公函或介绍信、证明信要分别盖骑缝章和文末落款章。

（4）对于调查材料、旁证材料、档案复制材料，为证明各页之间的完整联系，并防止他人私自加页，应将同一文件的每一页均匀错开，骑各页加盖骑缝章。

（5）修正文件中的文字错误，在改正处加盖校对章。

（6）鉴定合同、证明档案摘抄（复印）材料的真实性，证实证明材料书写者的身份以及需要由单位证明的文件，应在合同、复印件或其他材料最后一页的末尾空白处书写证明并盖公章，或在文件的指定位置盖章。

（7）传递秘密文件，要在封套的正面加盖密级的保密章，各封口处加盖公章或保密章。传递急件或特急件，要在封套上加盖有“急件”或“特急”字样的急件章。

3. 印章的管理

（1）刻制管理。

①必须严格执行国家的有关规定。凡机关或单位的印章（包括钢印、套印章、电子印章），一律不得私自刻制。

②刻制印章一般有两种情况：一是由上级主管领导机关刻制颁发，二是由本单位按照印章刻制的规定落实办理。下级机关领取上级颁发的印章时，必须由专人持本单位领导人签名的介绍信领取，并严格履行接印手续；本单位如需自己刻制印章，必须事先请示上级主管领导机关审核批准后按规定办理。

③单位内部使用的领导人签名章、办事章、合同章及其他戳记，无须报请上级机关批准，但应凭本单位介绍信到指定的刻制单位进行刻制。

（2）启用管理。

启用印章必须做好启用前的各种必要的准备。比如选定印章的启用时间、提前向有关单位发出正式启用的通知并附上印模、填写“印模卡”（一式两份，其中一份留存，一份交上级机关备案）。在正式印章启用通知所规定的生效日之前，该印章不得使用。

（3）印章的保管。

①办公室为印章管理部门。各部门负责人为印章管理最终负责人。

②公章，由办公室（党委办公室）负责保管；财务专用章，由资产财务部负责人保管；法定代表人名章，由办公室（党委办公室）、资产财务部负责人保管。

③总局公章、总局党委印章、总局办公室印章、总局党委办公室印章、总局领导印鉴由办公室指定专人管理，部门印鉴由部门负责人指定专人管理。

④各部门印章保管人出差或休假，由部门主任指定临时保管员。交接期间，如印章出现问题，临时保管人负直接责任，印章管理部门负责人负连带责任。

⑤印章保管人离职、印章保管人变更时，须办理印章的交接工作，保管人、交接人、监交人进行签字确认。

（4）使用管理。

①要完全遵守用印程序，并在正确的位置加盖印章。

②行政、党委公章的权限审核人为分管该申请事项的总局局领导，需要加盖印章事项涉及总局副职领导时，主要负责同志为权限审核人，重大事项的权限审批人为主要负责同志；办公室、党委办公室印章权限审批人为总局办公室、党委办公室主任。对于一般日常业务事项，可由总局办公室负责人审批。

③印章保管人在用务必印前检查用印审核手续是否齐全、有效，经确认为有效审核人签字审核同意后，方可用印。

④各部室建立本部门印章登记审批手续，并经部室主任签字同意，方可用印。

⑤总局印鉴使用登记表为永久保留档案，不得擅自销毁。

⑥协议、合同须经法律部门审核，总局主要领导签字同意后，方可用印。合同履行过程中的所有补充协议、变更协议、因合同出现违约而向对方出具的函件，在盖章前均需通过审核。应有关个人、单位或国家机关的要求，需对外提供证明、情况说明等文件时，在文件盖章前，应通过分管领导审核。

⑦原则上不得将印章带出单位，确因工作需要将印章带出使用的，由用印部门提交内部请示，说明带出原因，报主管领导审核同意后，并由办公室工作人员监章带出。办公室工作人员在监章过程中，要严格按照审批事项进行用印，不得扩大范围。

（5）停用和销毁。

①机关或单位如发生合并、撤销、名称更改的情况，原印章应立即停止使用。停用印章，要发文通知有关单位，附上印模，说明停用原因和时间，并宣布原印章失效。

②废印章必须及时送交原制发机关封存或销毁，或者按公安部门规定处理，不得在原单位留存。

③原制发印章的单位，对废印章应当登记注销。除某些重要单位具有保存价值的印章必须存档保管外，一般单位的印章应集中起来，定期销毁。销毁印章应当报经单位负责人审核批准，并由主管印章的人员进行实地监销。所有销毁的印章都要留下印模存档，以备查证。

4. 电子印章的管理

（1）电子印章的形状、印文、图案、尺寸规格等外观形式以及法定效力与正式印章相同。

（2）电子印章必须由上级机关统一制作颁发，任何单位不得自行制作使用，也不得私自复制电子印章光盘等移动介质。

（3）电子印章及密码必须由指定人员保管和使用，保管人员不得向任何人提供操作程序、电子印章硬盘及密码。

（4）保管电子印章的人员如有变动，应立即通知颁发机关，以便及时更改密码。

（5）电子印章应在专用计算机上使用。

（6）电子印章只用于电子文书，其盖章位置与纸质正式公文相同。

（7）电子印章的停用和销毁管理要求与实物印章相同。

（二）介绍信和证明信的管理

1. 介绍信的管理

（1）介绍信的格式。

①固定式。固定式介绍信采用批量定制，由持出和存根两部分组成，使用时按项目填写即可（具体样式见模板 3-2）。

模板 3-2　固定式介绍信示例

××××××局介绍信存根 ×煤地介字第　号 介绍事由： 承办单位：________ 承　办　人：________ 用何印信：________ 发出日期：________ 批　　准：________	××××××局介绍信 ×煤地介字第　号 兹介绍　　　　同志等　人 前往你单位联系下列事宜： 有效期限：　年　月　日至　年　月　日

②便函式。即在印有单位名称的信笺上手工书写或打印的介绍信。

（2）介绍信的保管。单位介绍信由机要部门专门保管，并加锁管理，确保安全。

（3）介绍信的使用。

①领用介绍信要先由领用人填写申请书，说明申请人姓名、联系单位、联系时

间和联系事项，经主管领导批准方可开具。

②下级单位需要转开上级单位的介绍信，由主管领导在下级单位的介绍信上签字同意，机要部门方可转开介绍信。

③领用申请书和下级单位的介绍信要附在存根后面一起保存，以备查证。

④领用人要履行签字手续，以示对领用的介绍信负完全的责任。其中，固定式介绍信在存根上签字，便函式介绍信在专用登记簿上签字。

（4）介绍信的填写。

①无论是固定式还是便函式介绍信，都应载明联系单位、被介绍人姓名、身份、人数、联系的事项、有效期限、填写日期。

②持出联和存根的内容必须一致。不得出现存根空白或漏填的现象。

③便函式介绍信要在专用登记簿上逐项进行登记，以备查考，且登记的项目和内容应当与介绍信完全一致。

④一般不得开空白介绍信。若遇特殊情况，确需开空白介绍信，务必说明理由和用途，并经领导批准。开出后未使用的空白介绍信要及时退回作废。

⑤介绍信如有个别填写错误，可进行修改并在修改处加盖公章。重大错误必须作废后另外填写。

（5）介绍信的盖章。固定式介绍信除盖落款章之外，还要盖骑缝章；便函式介绍信只需盖落款章。

（6）介绍信存根的保存。介绍信存根要与领用申请书、下级单位接转介绍信、作废的介绍信和退回的空白介绍信黏在一起，妥善保存一定时期，以备查证，任何人不得擅自销毁。

2. 证明信的管理

（1）证明信的拟写。证明信的内容涉及面广，要在印有单位名称的信笺上临时书写或打印。单位出具证明信可由办公室拟写，也可由其他部门拟写。其内容必须实事求是，简明扼要。开具证明信要负法律责任。

（2）证明信的审核与盖章。以单位名义出具的证明信，必须经领导审批并签字。

（3）证明信的登记与存档。证明信要登记注册。对于重要问题的证明，要将领导签发的原稿存档。

十、办公用品的管理

（一）办公用品的采购及存储管理

办公设备、办公用品的采购及存储管理是办公室工作的重要内容之一。办公室人员要经常查看库存记录，了解实际库存情况，既要保证办公用品的充分供应，又要发挥行政经费的最大效应。

办公室购买和日常储备的办公用品包括固定资产和低值易耗品。

1. 固定资产

固定资产是指价值超过2000元以上，或者批量购置超过2000元以上的单件办公用品。

（1）办公家具：办公配备的办公桌椅、会议桌、沙发、保险柜、资料柜等；

（2）办公设备：台式计算机、笔记本电脑、复印机、打印机、传真机、扫描仪、照相机、音响设备等办公必需设备。

2. 低值易耗品

低值易耗品是指单件物品价值低于2000元的办公用品。

（1）价值低于2000元的办公家具、办公设备，如打印机、传真机等办公必需设备；

（2）低值易耗品：复印纸、签字笔、订书机、计算器、胶水、订书针等。

对于电脑、桌椅、橱柜等较大的办公设备，有关人员必须设立机关办公设备、工具台账，以方便管理（见表3-5）。有关人员要定期开展办公用品核查工作，以做到账实相符。工作人员岗位变动时，要按规定办理移交手续。

表 3-5　机关办公设备工具台账表示例

机关办公设备工具台账表

CCG-QR-6. 3-01　　　　共　页　第　页　　　　编号：

序号	设施设备名称	编号	购置日期	标识号	使用单位	运行状态	修理记录	备注

部门：　　　　审核：　　　　制表：　　　　年　月　日

（二）办公用品的发放及使用管理

1. 办公用品的发放

指定专人发放，领取人要填写办公用品需求单（见表 3-6）。

表 3-6　办公用品需求单示例

办公用品需求单

所需物品	规　格	数　量	备　注
申 请 部 门：		申请人：	日　期：
申请部门负责人签字：		日　期：	

2. 办公用品的清点、核实和登记

对于分发哪些办公用品，发给了谁，办公室有关人员要做到心中有数，并让领取人认真填写领取表（见表 3-7），以便查考。

表 3-7　办公用品发放领取表示例

办公用品发放领取表

部门：

时　间	姓　名	领用物品	数　量	签　领

电脑、打印机、复印机等办公设备，需要更新时，必须提前填写申购表（见表3-8），并报经领导批准后，由办公室统一购置。

表3-8 机关办公设备请购表示例

机关办公设备请购表

CCG-QR-6. 3-03 编号：

申请部门		联系人	
内容及原因			
处室审批			
部门审批			
办公室审批			
办理情况	承办人： 年 月 日		

3. 办公设备的借用

办公设备的借用必须通过保管人员办理借用登记手续（见表3-9，贵重物品要经领导批准），用后及时归还。归还时，由保管人员负责当面验收，若发现物品损坏或零配件丢失，应及时上报。

表3-9 办公设备借用登记表示例

办公设备借用登记表

CCG-QR-6. 3-04 编号：

品 名	借用时间	签 字	归还时间	签 字

4. 办公设备的维修

办公用品需要维修时，须填写维修记录表（见表3-10），然后进行维修。

表3-10 机关办公设备检查维修记录表示例

机关办公设备检查维修记录表

CCG-QR-6. 3-04　　　　编号：

检查维修部门：	设备名称及编号：
故障： 申请人：　　　年　月　日	
检查记录及措施： 检查人：　　　年　月　日	
处置意见： 批准人：　　　年　月　日	
跟踪评价： 检查人：　　　年　月　日	

5. 办公设备的报废

办公设备已经超出使用年限，确实无法正常使用时，可以请有关技术人员进行检查确认后，填写报废记录表（见表 3-11），然后停止使用或报废。办公设备达到固定资产标准的，按固定资产管理办法予以处置。

表 3-11　机关办公设备报废记录表示例

机关办公设备报废记录表

CCG-QR-6. 3-05　　　　编号：

申请部门			
设备名称		型号规格	
设备编号		生产厂名	
效用年限		已用年限	
设备报废原因： 申请人：　　　年　月　日			
鉴定意见： 鉴定人：　　　年　月　日			
处置意见： 批准人：　　　年　月　日			

中央地勘企业办公室工作标准化实务

信息化篇

“信息化”，
让大家的工作由繁入简，
极大提升工作效率，
不简单

一、综合管理平台（OA）的使用

总局综合管理平台（OA）是基于流程化、标准化，由统一门户、协同办公、业务支撑和管理支撑四大平台集约而成的综合性信息平台系统，通过“统一系统平台、统一过程管理、统一信息管理、统一标准体系”，实现“搭建平台、固化体系、深化融合、提升管理”的信息化系统总体目标。

综合管理平台以用户为中心，可实现业务场景化、办公自动化，能够极大提升工作效率。其中涵盖的公文管理、日程管理、合同管理、流程管理等数十个模块，可以满足日常协同办公多领域需求，支撑着总局各项事务高效运行。

（一）印章、证照申请流程

在总局综合管理平台上，印章、证照申请流程如图 4-1 所示。

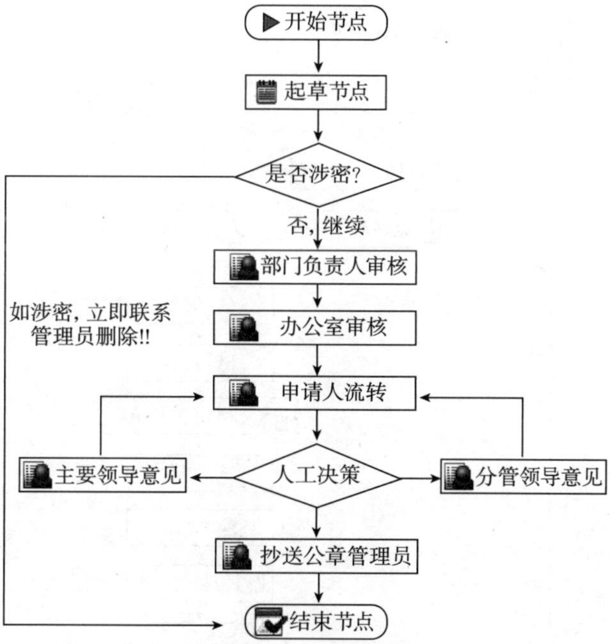

图 4-1　印章、证照申请流程

（二）总局发文流程

在总局综合管理平台上，发文流程如图 4-2 所示。

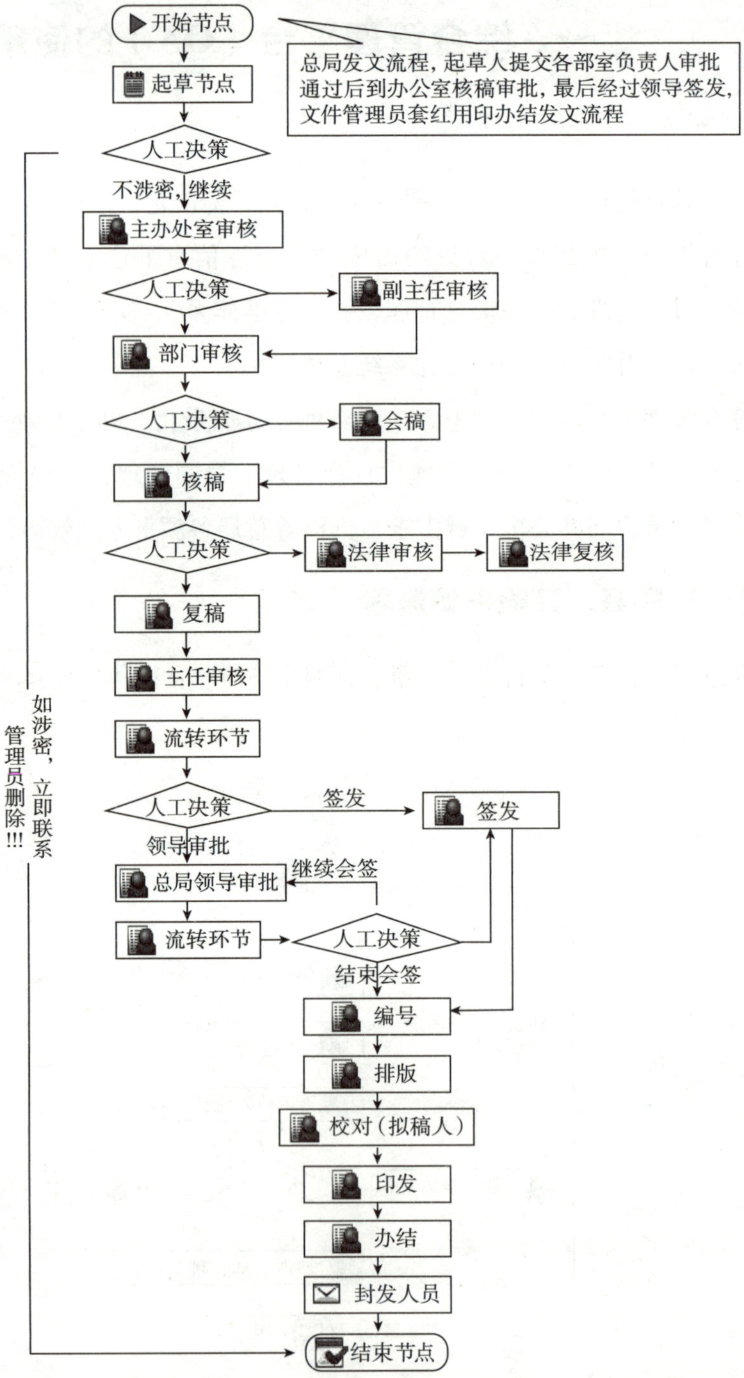

图 4-2　总局发文流程（OA）

（三）总局收文流程

在总局综合管理平台上，收文流程如图 4-3 所示。

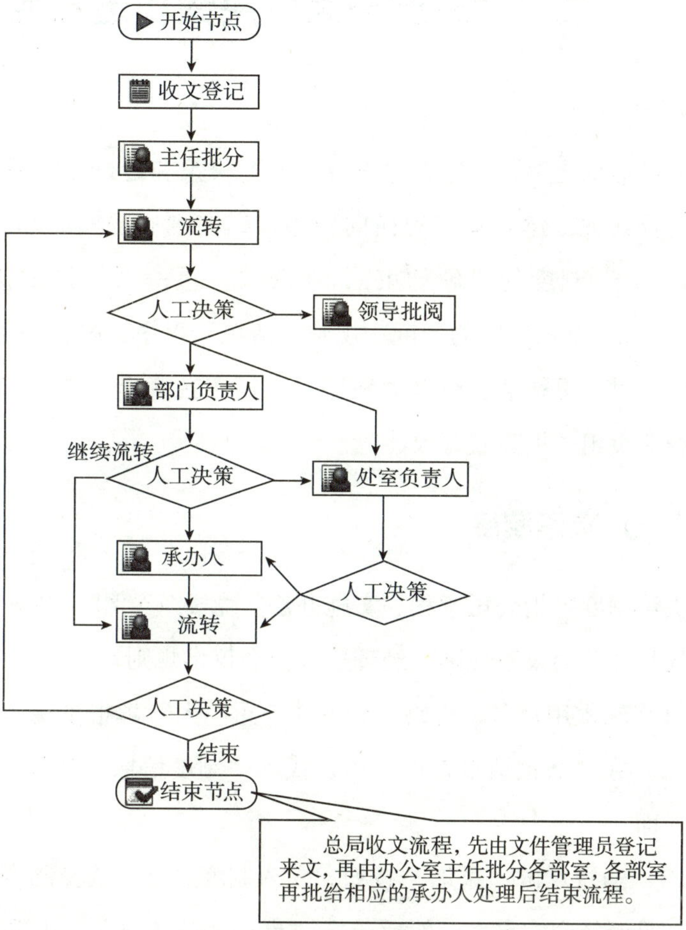

图 4-3　总局收文流程（OA）

二、“三重一大”决策和运行监管系统

通过信息化手段，建立“三重一大”决策和运行监管系统，推进信息化与监管业务融合共进，建立和完善横向到边、纵向到底的实时动态监管体系，形成执行“三重一大”制度的“硬约束”，保证“三重一大”制度执行规范高效，实现对“三重一大”事项决策的制度、规则、清单、程序、内容和落实情况的全过程监督，实现更及时、更精准、更有效地监管，切实转变出资人代表机构职能和履职方式，减轻企业负担，提高监管效能。

（一）决策制度

决策制度是指公司章程、实施办法、党委（党组）会议事规则，董事会议事规则、局长办公会议事规则、经理层办公会议事规则。

（1）输入用户名、密码，登录“三重一大”填报系统。

（2）在“数据填报管理”中，找到“制度信息”功能节点，打开“制度信息”填报界面。

（3）通过点击“添加”按钮，录入制度名称，选择制度类型、审批时间、生效时间、是否经合法审查，然后选择“事项表决方式”，并添加审查佐证材料、正式制度文件等附件。

（4）信息填写完整后，点击“确定”，上传信息（总局总部上传至国务院国资委，其他填报单位上传至上一级单位）。

（5）通过“删除”按钮，将已上传的制度信息添加到“回收站”，最后在“回收站管理”中最终删除。

（二）事项清单

事项清单是指根据中办发〔2010〕17 号文件有关要求制定企业“三重一大”

决策事项基本目录并根据该目录制定的本企业“三重一大”事项清单。

（1）输入用户名、密码，登录“三重一大”填报系统。

（2）在“数据填报管理”中，找到“事项清单”功能节点，打开“事项清单”填报界面。

（3）通过点击“添加”按钮，录入事项名称、事项编码，选择会议顺序、是否经法律审核。

（4）信息填写完整后，点击“确定”，上传信息（总局总部上传至国资委，其他填报单位上传至上一级单位）。

（5）通过“删除”按钮，将已上传的制度信息添加到“回收站”，最后在“回收站管理”中最终删除。

（三）决策会议

决策会议是指决策主体参与“三重一大”事项决策管理过程中的权责划分和程序要求。

（1）输入用户名、密码，登录“三重一大”填报系统。

（2）在“数据填报管理”中，找到“决策会议”功能节点，打开“决策会议”填报界面。

（3）通过点击“添加”按钮，录入制度名称、主持人，选择会议类型、会议时间、参会人，添加会议通知、会议纪要等附件。

（4）如果该会议有多个议题，通过点击“会议议题”按钮添加会议议题，录入议题名称、议题编码，选择是否通过、是否需要报国资委审批、是否听取意见、任务来源，录入议题决议，选择关联会议和议题、列席人员，最后添加听取意见情况、议题材料等附件。

（5）信息填写完整后，点击“确定”，上传信息（总局总部上传至国资委，其他填报单位上传至上一级单位）。

（6）通过“删除”按钮，将已上传的制度信息添加到“回收站”，最后在“回收站管理”中最终删除。

三、信息化工作管理

（一）计划管理

（1）信息化部门进行年度工作策划，制定年度工作计划。

（2）信息化部门将年度工作计划上报网信小组研究确定。

（3）信息化部门将年度工作计划与临时计划进行综合管理。

（4）以季度为节点进行计划分解，明确责任人、责任单位和时间节点。

（5）业务部门将计划执行情况反馈给信息化部门。

（6）信息化部门收集各单位执行情况，编制网信工作月报，并上报信息化建设小组。

（二）进度管理

（1）信息化部门组织业务部门、建设单位召开进度协调会。

（2）业务部门、相关建设单位按计划节点推进工作。

（3）信息化部门协调资源，研讨解决技术问题。

（4）信息化组织开展计划进度监督检查。

（5）信息化部门整理材料，组织召开信息化建设小组会议。

（6）信息化部门汇报进度工作情况。

（三）课题管理

（1）研究上级单位下发的信息化课题。

（2）与上级单位对接并下发至各直属单位。

（3）组织基层单位申报信息化课题。

（4）收集整理课题材料并上报相关上级单位。

（5）课题申报成功后进行备案登记。

（6）开展课题研究及实施工作。

（7）组织课题检查及验收工作。

（四）数据管理

（1）建立数据管理制度或要求。

（2）研究制定数据管理及技术标准。

（3）推进数据标准的贯彻应用。

（4）开展数据管理监督检查和质量分析。

（5）收集数据质量、及时性、规范性等管理问题。

（6）从技术和管理方面进行数据治理。

（7）组织开展数据治理结果的奖惩。

（8）完善和规范数据应用。

（五）检查与通报

（1）编制下发工作要求和目标。

（2）组织开展信息化工作检查。

（3）收集问题信息并分类汇总。

（4）提出不符合项和问题整改要求。

（5）复查不符合项落实情况。

（6）编制通报草稿并报请领导审批。

（7）开展信息化工作通报。

四、信息化项目管理

总局信息化项目分为信息化基础设施项目和信息化应用系统项目。信息化基础设施项目包括但不限于支撑信息化应用的网络线路、交换设备、安防监控、视频会议、行政通信设施等；信息化应用系统项目包括但不限于以信息技术为主要手段建立的各类业务管理的应用系统。

信息化项目管理是一个具有一定规模，自上而下，有组织的信息网络体系，一般具备获取、传递、处理、利用信息的过程，通过引入项目管理系统，可以实现“动态传递，实时共享”的信息化项目管理模式。

将项目管理落到实处，需要对项目进行进度控制、成本控制、资源分配、规定预算，从而达成预定的项目目标。

（一）项目需求立项

1. 调研论证

（1）信息化部门对接业务部门收集需求。

（2）业务部门编制项目需求任务书并报信息化部门。

（3）信息化部门组织开展可行性论证。

（4）信息化部门开展项目调研分析。

（5）信息化部门确定项目建设规模和内容。

（6）信息化部门形成完善的论证报告。

2. 项目立项

（1）信息化部门编制项目立项材料。

（2）信息化部门统一组织项目立项。

（3）组织召开网信工作小组会议，审议论证报告。

（4）根据审查意见对立项材料进行完善。

（二）项目建设实施

1. 项目招投标

（1）向招标管理部门提出招标需求。

（2）结合需求报告或实施方案编制项目招标文件。

（3）配合招标管理部门及招标公司，编制项目招标公告。

（4）参加项目评标与定标，确定中标单位。

（5）与业务部门共同起草项目合同文本。

（6）按照合同约定节点，由业务部门进行收付款申请。

2. 项目建设

（1）开展详细需求分析，完成需求报告。

（2）信息化部门组织业务部门进行需求确认评审会。

（3）信息化部门组织建设单位开展项目设计及开发。

（4）信息化部门组织业务部门、建设单位开展过程审查。

（5）信息化部门组织业务部门与建设单位召开建设问题协调会。

（6）信息化部门组织业务部门向网信小组汇报。

（7）完成项目建设，具备部署实施条件。

3. 项目实施

（1）信息化部门准备硬件物理环境。

（2）信息化部门安装操作系统、数据库。

（3）信息化部门分配 IP 地址，分网隔离。

（4）建设单位软硬件到货，并完成安装与部署。

（5）信息化部门组织业务部门进行软硬件测试。

（6）信息化部门组织建设单位进行软硬件集成联调。

（7）信息化部门流程初始化，配置用户和校色，划分权限。

（8）建设单位编制用户手册，开展技术培训。

（9）信息化部门组织建设单位进行驻场技术指导。

（三）项目验收

1. 项目初验

（1）业务部门向信息化部门提出试运行要求。

（2）信息化部门组织业务部门准备数据进行软硬件试用。

（3）信息化部门收集业务部门试用过程中的问题并协调建设单位处理。

（4）信息化部门对相关问题的处理情况进行跟踪。

（5）信息化部门对网络安全、硬件运行等情况进行综合判定。

（6）业务部门向信息化部门提出初验申请。

（7）信息化部门组织开展项目初验，并向网信小组汇报。

2. 项目终验

（1）项目试运行 3 个月或初验 2 个月以上，建设单位可提出项目终验申请。

（2）信息化部门组织业务部门进行终验评估。

（3）信息化部门协调建设单位按业务部门意见进行整改落实。

（4）信息化部门收集并检查过程文档情况。

（5）信息化部门收集业务部门对于试运行的意见，并向网信小组汇报。

（6）信息化部门组织业务部门与外部建设单位进行终验前的对接。

（7）信息化部门组织召开项目验收评审会议。

五、运行维护管理

信息化运行维护一般是指对大型组织已经建立好的网络软硬件系统采用相关的方法、手段、技术、制度、流程和文档等进行的综合管理，主要包括三部分。

（1）信息化基础设施运维：以硬件资产和软件资产可用为目的，包括支撑系统正常运行的网络系统、主机系统、安全系统、存储系统和机房专用设施和数据库等的运维服务；

（2）应用系统运维：以系统整体可用和为业务提供可靠服务为目的，包括业务和应用的技术运维，以及信息内容服务运维等；

（3）信息资源维护类：以深化信息资源共享利用为目的，包括信息资源获取、处理、存储、传输和共享使用等。

（一）运维管理

（1）进入运维阶段前，需求提出部门（业务部门）应编制系统运行管理制度，落实数据填报、数据审核、数据分析等人员的职责和要求，明确数据采集频率、质量管理要求等措施，并组织召开技术培训。

（2）进入运维阶段后，需求提出部门（业务部门）应考虑编制运维费用，用于系统故障处理、安全加固、技术支持和运维保障等工作。

（3）进入运维阶段后，信息化部门应收回项目所有操作权限，如需建设单位协助处理相关问题，应由建设单位提出申请，业务部门同意后，信息化部门可临时为承建方开通相关权限，问题处理完成后应及时收回权限。

（4）需求提出部门（业务部门）应安排专人负责项目的日常业务管理工作，包括数据维护、修改、删除、流程变更等工作。信息化部门负责系统管理、权限管理、安全管理等工作，对基础数据进行规划、定义和管理。

（5）信息化部门安排专人负责 IT 设备保管、维护、升级和故障处理等工作，开展网络安全监测、安全审计、权限管理及运维服务等工作。

（二）机房管理

（1）开展出入机房登记备案，非内部人员出入机房应由至少一名内部人员现场陪同。

（2）检查机房内温度、湿度、报警、给排水、电源、门禁、监控、消防设施等物理环境。

（3）通过监控设备查看机房出入情况并做好数据备份。

（4）检查服务器、交换机、路由器、防火墙、存储设备、堡垒机、WAF、日志审计、数据库审计、VPN、流量监控等设备运行情况。

（5）使用系统管理员身份登录服务器查看日志运行情况，并杀毒、打补丁。

（6）完成机房检查内容及问题记录。

（7）在机房检查中，如遇到一般性问题，应在做好备份的前提下现场解决；现场无法解决的，应联系外部厂商解决；遇到紧急问题或严重问题（如火灾、服务器崩溃等），应启动相应级别的应急预案。

（三）系统升级

（1）业务部门提出系统升级需求。

（2）信息化部门准备数据库、硬件设备、升级软件等测试环境。

（3）信息化部门对老系统数据进行全量备份并验证。

（4）信息化部门对老系统软件进行备份。

（5）在建设单位的配合下，基于备份数据进行升级软件的测试验证。

（6）验证通过后，基于同一数据库进行两套系统并行运行。

（7）并行期完成后，停止旧系统运行，正式投入使用升级后的软件。

（四）技术支持

（1）业务部门提出技术支持需求。

（2）业务部门填写技术支持服务单（见表4-1），并经部门负责人确认。

（3）信息化部门根据需求，现场查看项目问题。

（4）信息化部门现场处理问题。

（5）协调建设单位提供远程技术支持或现场处理。

（6）完成运维处理。

表 4-1　技术支持服务单

部　门		姓　名	
类　型	□OA 系统；□财务系统；□网站；□电子采购系统；□国资监管平台；□合同管理系统；□人力资源管理系统；□税务管理系统；□项目管理系统；□安全生产系统；□计算机维修；□网络故障；□打印机/复印机/传真机/刻录机；□通信电话；□视频会议；□其他		
故障描述			
发生时间		发生地点	
问题原因			
所在部门意见			
信息化部门意见			
处理结果			

六、网络安全管理

（一）网络安全监测

（1）基于 WAF 及安全监测软件，收集网络攻击信息。

（2）分析系统操作日志、服务器日志、数据库日志、运维日志等信息。

（3）研究分析网络攻击类型、IP 地址、攻击来源、攻击频次等内容。

（4）采取封堵漏洞、加装安全设备、设置安全策略等措施。

（5）生成网络安全监测报告。

（二）安全巡检

（1）制订网络设备安全巡检计划。

（2）现场查看基础设施防护条件情况。

（3）查看各类网络安全设备工作情况。

（4）查看网络、服务器、存储等完好情况。

（5）查看服务器上软件安装及日志记录情况。

（6）查看服务器 CPU、内存等资源占用情况。

（7）整理安全巡检记录。

（三）上网行为监控

（1）登录流量监控系统。

（2）设定流量过滤条件和策略。

（3）分析网络带宽总体占用及流量上行、下行情况。

（4）分析带宽资源占用较多的内容及 IP。

（5）查看违法访问、主动攻击或被动攻击记录。

（6）对违法访问、资源占用较多的 IP 进行管控。

（7）在一定范围内进行上网行为通报。

（四）日常安全审计

（1）登录数据库审计和日志审计服务器。

（2）查看审计日志并进行分析。

（3）发现和识别异常行为。

（4）追踪溯源，进行分析，找出问题原因。

（5）编制安全审计报告并报网信小组。

（6）对软件漏洞问题、网络攻击等采取相应处理措施。

（7）对违法行为在一定范围内进行通报。

（五）网络安全检查

（1）制订网络安全方案及计划。

（2）召开会议进行研究审议。

（3）各单位开展网络安全自查。

（4）组织开展网络安全检查。

（5）记录和整理检查过程中存在的问题。

（6）提出安全检查问题限期整改单。

（7）被检查单位完成安全整改。

（8）组织开展安全问题复查并进行总结通报。

七、网络安全防护

（一）等级保护测评

（1）项目安全等级拟定。

（2）组织召开安全等级审查。

（3）根据审查意见进行软件系统等级备案编制。

（4）组织开展软件系统等级保护测评。

（5）针对测评问题进行整改落实。

（6）组织进行软件系统等级保护复评。

（7）上报等级保护测评报告到公安部门。

（8）配合公安部门完成等级保护测评监督检查。

（二）软件正版化管理

（1）制订软件正版化计划。

（2）收集各单位正版软件采购需求。

（3）组织开展正版软件采购。

（4）进行正版软件等级、备案及台账管理。

（5）组织开展软件正版化检查。

（6）进行软件正版化落实情况通报。

（7）进行软件正版化工作统计。

（三）专项信息通报

（1）结合上级文件精神及总局实际，下发专项信息通报要求。

（2）建立信息通报联络人名录。

（3）收集总局值班人员及各直属单位反馈的安全信息。

（4）填报“专项信息通报情况登记表”，如遇紧急网络安全事件，应启动相应网络安全预案。

（5）收集上级单位、公安机关等反馈的安全隐患信息并传达落实。

（6）执行值班值守制度和零报告制度。

（7）完成专项信息通报总结并报领导审批。

（8）将联络人名单、专项信息通报情况登记单、信息通报总结等上报上级单位。

（四）网络安全巡检

（1）制订网络安全巡检计划，明确巡检对象、目标和范围。

（2）查看身份认证、访问控制、数据加密、VPN、网络加固、安全审计等情况。

（3）开展漏洞扫描与渗透性测试，主动发现漏洞、隐患、病毒、木马等可能的薄弱环节。

（4）开展服务器运行日志、业务系统操作日志、核心交换机访问日志等检查和分析。

（5）收集和整理网络安全巡检问题并协调处置。

（6）编制网络安全巡检报告并进行通报。

（五）网络安全应急演练

（1）编制网络安全应急预案。

（2）组织开展网络安全应急策划，明确演练目标、时间、范围、人员和方式方法。

（3）安排人员、场地、设备、目标应用系统等资源，准备攻击程序、计算机及其他工具。

（4）设置发生网络安全事件的场景，做好目标应用系统的数据及程序备份。

（5）按照应急预案设置的流程，以不影响目标应用正常运行为前提进行现场应急演练，记录应急演练过程及存在的风险隐患。

（6）完成应急演练，清除相关攻击日志和痕迹。

（7）恢复目标业务系统和数据。

（8）完成网络安全应急演练总结。

（六）网络安全应急响应

（1）确定网络安全风险等级。

（2）发现网络安全突发性事故或问题进行预警提示。

（3）网信部门根据问题进行危险等级研判并上报单位领导。

（4）启动响应相应等级的应急预案。

（5）根据应急预案进行现场指挥调度和处置。

（6）处置完成网络安全事故或问题。

（7）召开会议进行总结并编制报告。

后　记

历时一年多的研究和编写，在中国煤炭地质总局、中国经济出版社、中能化信息与发展战略研究中心等单位及相关部门的大力支持和帮助下，《中央地勘企业办公室工作标准化实务》终于顺利出版。

在此书编写过程中，我们始终坚持以习近平新时代中国特色社会主义思想为指导，严格落实中央八项规定精神，结合国有企业及地勘行业的新形势、新变化，立足于中国煤炭地质总局办公室（党委办公室）开展的“中央地勘企业办公室工作标准化建设研究”管理课题项目，学习借鉴国务院国资委办公厅及其他央企办公室的工作经验，总结煤炭、化工地质系统的办公室工作实践经验，进一步对办公室工作进行探讨和提炼，力求兼顾理论性、实用性，并体现新时代办公室工作的特点，努力构建新时代中央地勘企业办公室工作标准化、规范化、流程化的工作体系，以期帮助办公室工作人员理清思路，明确方法，提升公文质量，规范会议和具体事务流程，加强信息化管理，提高工作效率，从而更好地将办公室的参谋助手作用发挥出来，为企业领导人员的正确决策提供良好条件，为提升企业经济效益、推动高质量发展贡献力量。

中国煤炭地质总局各级领导对本书编写出版工作给予高度重视。党委书记、局长赵平作序，以示鼓励；曾在中国煤炭地质总局办公室（党委办公室）任职的沈学斌、冯帆、胡来旺、于运强、张昊、翟方明等领导同志，对此书的编写和出版给予了大力支持和指导帮助，提供了大量的指导意见和相关素材；同时煤炭、化工地质系统内外部相关专家及熟悉办公室工作的高彦涛、詹国高、仙麦龙、周连荣、段国剑、刘照宏、解素琴等同志也对编写工作提出了宝贵的修改意见和建议。在此，谨向参与、支持、指导本书编写出版工作的各位领导和同志致以崇高的敬意和真诚的感谢！

在编写过程中，编写组人员紧密结合工作实际，科学总结工作经验，利用业余时间，认真学习业务知识，并虚心请教有关领导和专家，确保本书既有理论性、科学性，又有实用性、操作性。但由于时间和水平有限，书中难免有不足和疏漏之处，敬请各级领导和同仁批评指正。

编写组

2020 年 6 月